A **Segurança do Atlântico Sul** na Perspectiva Histórica das Relações **Brasil-Estados Unidos:**

convergências ou divergências de interesses?

Jansen Coli Calil N. A. de Oliveira

Jansen Coli Calil Nascimento Almeida de Oliveira

A SEGURANÇA DO ATLÂNTICO SUL NA PERSPECTIVA HISTÓRICA DAS RELAÇÕES BRASIL-ESTADOS UNIDOS:
convergências ou divergências de interesses?

EDITORA CRV
Curitiba - Brasil
2015

Copyright © da Editora CRV Ltda.
Editor-chefe: Railson Moura
Diagramação e Capa: Editora CRV
Revisão: Os Autores
Conselho Editorial:

Profª. Drª. Andréia da Silva Quintanilha Sousa (UNIR)
Prof. Dr. Antônio Pereira Gaio Júnior (UFRRJ)
Prof. Dr. Carlos Alberto Vilar Estêvâo
- (Universidade do Minho, UMINHO, Portugal)
Prof. Dr. Carlos Federico Dominguez Avila (UNIEURO - DF)
Profª. Drª. Carmen Tereza Velanga (UNIR)
Prof. Dr. Celso Conti (UFSCar)
Prof. Dr. Cesar Gerónimo Tello
- (Universidad Nacional de Três de Febrero - Argentina)
Profª. Drª. Elione Maria Nogueira Diogenes (UFAL)
Prof. Dr. Élsio José Corá (Universidade Federal da Fronteira Sul, UFFS)
Profª. Drª. Gloria Fariñas León (Universidade de La Havana – Cuba)
Prof. Dr. Francisco Carlos Duarte (PUC-PR)
Prof. Dr. Guillermo Arias Beatón (Universidade de La Havana – Cuba)

Prof. Dr. João Adalberto Campato Junior (FAP - SP)
Prof. Dr. Jailson Alves dos Santos (UFRJ)
Prof. Dr. Leonel Severo Rocha (URI)
Profª. Drª. Lourdes Helena da Silva (UFV)
Profª. Drª. Josania Portela (UFPI)
Profª. Drª. Maria de Lourdes Pinto de Almeida (UNICAMP)
Profª. Drª. Maria Lília Imbiriba Sousa Colares (UFOPA)
Prof. Dr. Paulo Romualdo Hernandes (UNIFAL - MG)
Prof. Dr. Rodrigo Pratte-Santos (UFES)
Profª. Drª. Maria Cristina dos Santos Bezerra (UFSCar)
Prof. Dr. Sérgio Nunes de Jesus (IFRO)
Profª. Drª. Solange Helena Ximenes-Rocha (UFOPA)
Profª. Drª. Sydione Santos (UEPG PR)
Prof. Dr. Tadeu Oliver Gonçalves (UFPA)
Profª. Drª. Tania Suely Azevedo Brasileiro (UFOPA)

CIP-BRASIL. CATALOGAÇÃO-NA-FONTE
SINDICATO NACIONAL DOS EDITORES DE LIVROS, RJ

O51s

Oliveira, Jansen Coli Calil Nascimento Almeida de
    A segurança do Atlântico Sul na perspectiva histórica das relações Brasil-Estados Unidos: convergências ou divergências de interesses? / Jansen Coli Calil Nascimento Almeida de Oliveira. -1. ed.- Curitiba, PR: CRV, 2015.
    152 p.

Inclui bibliografia
ISBN 978-85-444-0399-0
DOI 10.24824/978854440399.0

    1. Relações internacionais. 2. Brasil - Relações exteriores - Estados Unidos. 3. Estados Unidos - Relações exteriores - Brasil. I. Título.

15-21771   CDD: 327.81073
                                                        CDU: 327(81):(73)

10/04/2015   16/04/2015

2015
Foi feito o depósito legal conf. Lei 10.994 de 14/12/2004
Proibida a reprodução parcial ou total desta obra sem autorização da Editora CRV
Todos os direitos desta edição reservados pela:
Editora CRV
Tel.: (41) 3039-6418
www.editoracrv.com.br
E-mail: sac@editoracrv.com.br

À minha família, pelo zelo e amor eternos,
pelo sacrifício e devoção constantes
ao meu êxito e pelo apoio incondicional
em todos os caminhos que tenho
escolhido trilhar.

AGRADECIMENTOS

Nenhum grande sonho se realiza sem que nos inspiremos na trajetória de grandes humanos, aqueles que trilham o caminho da dignidade e dão o exemplo que devemos perpetuar na nossa passagem pela terra, essa aventura efêmera e misteriosa que chamamos de "vida". A frase inspiradora do físico Isaac Newton, "se consegui ver mais longe é porque estava aos ombros de gigantes", traduz, com justiça, minha imensa gratidão aos dois "gigantes" a quem atribuo a vitalidade desta obra, meus pais Jansen Coli e Marilena Calil, cujos sacrifício, incentivo e amor são incondicionais e indispensáveis em qualquer de minhas conquistas.

Agradeço igualmente a todas as famílias que me acompanham e àquelas que por mim têm torcido desde a minha chegada a Brasília.

Aos meus padrinhos, Marta e Jamil, pelo constante incentivo aos estudos.

Ao plano espiritual por desempenhar o infalível papel de confidente fiel e de atenuador das dúvidas e das incertezas que invariavelmente surgem diante das escolhas pessoais e das mudanças imprevistas de rumos.

À minha mentora, professora Maria Helena de Castro Santos, cujas orientações, opiniões e ensinamentos em sala e no decorrer da escrita deste trabalho estimularam-me o gosto pela descoberta, pela busca incessante de conhecimento, e mostraram-me o dignificante ofício do ensino superior.

Ao Prof. Joanisval Brito Gonçalves pela amizade descontraída, pelas críticas construtivas, pelas correções e informações adicionais, e pela gentilíssima aceitação do convite para prefaciar este trabalho.

A todos os colegas de classe e estudos pela constante e enriquecedora troca de ideias em sala, pelo convívio descontraído nos almoços e por proporcionarem momentos de felicidade que certamente me ficarão gravados na lembrança. Alguns merecem menção à parte, em razão de atividades e estudos que contribuíram para meu crescimento pessoal: Flávia Cristina, Diego Sens, Bruno Theodoro e Brenda Lara.

Àqueles que, mesmo à distância, estenderam sua mão amiga para que eu pudesse levar à frente o trabalho de pesquisa: Cristina Rafaela e Tatiana Peres.

Aos oficiais da Marinha do Brasil, em especial aos Almirantes Álvaro Augusto Monteiro Dias e Edlander Santos pela gentileza e pela disponibilidade na concessão de entrevistas e pelas sugestões de pesquisa, ao Comandante Pedro Taulois pela sadia troca de informações e de material ao longo de nossas conversas e ao pessoal da Escola de Guerra Naval e da Biblioteca da Marinha pela presteza na busca de materiais e por auxiliar-me no acesso aos trabalhos da instituição.

E a todos os amigos que me apoiaram moralmente e que, de alguma forma, contribuíram com palavras de incentivo e votos de sucesso.

"O mar é o grande avisador. Pô-lo Deus a bramir junto ao nosso sono, para nos pregar que não durmamos".
                              Rui Barbosa, "A Lição das Esquadras", 1898.

"About the South Atlantic, it is imperative that, as soon as possible, a more comprehensive security architecture is erected for the region. The question is whether this will be consensual and regional or imposed and external"
　　　　　　　　　　　Armando Marques Guedes, *The Fractured Ocean*, 2012.

LISTA DE ILUSTRAÇÕES

MAPA 1 – Limites do Atlântico Sul estabelecidos pelo Tratado Interamericano de Assistência Recíproca em 1947 43

MAPA 2 – Fronteira Oriental na Visão de Golbery do Couto e Silva 59

MAPA 3 – Estratégia de "Flechamento das Rotas" – Tese da Triangulação 62

MAPA 4 – Área de abrangência do Atlântico Sul na visão da Marinha, comparada com a ZOPACAS abaixo 87

MAPA 5 – Área da Amazônia Azul 102

MAPA 6 – Reivindicações territoriais sobre a Antártida 106

MAPA 7 – Área de atuação do Comando Africano no Golfo da Guiné. A área circulada inclui Guiné-Bissau, Guiné, Serra Leoa, Libéria, Costa do Marfim, Gana, Nigéria e Camarões 114

MAPA 8 – Presença militar de outras potências do Atlântico Sul 118

MAPA 9 - Comando das Esquadras dos Estados Unidos 121

MAPA 10 – Áreas de ocorrência de pirataria na África 123

LISTA DE TABELAS

Tabela 1 – Principais reservas da América do Sul: evolução das reservas em bilhões de barris e da produção em milhões de barris diários – série histórica 1990, 2000 e 2013.. 116

Tabela 2 – Principais reservas da margem atlântica africana: evolução das reservas em bilhões de barris e da produção em milhões de barris diários – série histórica 1990, 2000 e 2013... 116

Tabela 3 –Grau de dependência de importação dos EUA de petróleo bruto e derivados do Atlântico Sul em milhares de barris diários............................ 116

LISTA DE ABREVIATURAS E SIGLAS

AFRICOM – Africa Command
CAMAS – Coordenação da Área Marítima do Atlântico Sul
CGG – Comissão do Golfo da Guiné
CIRM – Comissão Interministerial para os Recursos do Mar
CLPC – Comissão de Limites da Plataforma Continental das Nações Unidas
CNUDM – Convenção das Nações Unidas sobre o Direito do Mar
DSN – Doutrina de Segurança Nacional
END – Estratégia Nacional de Defesa
ESG – Escola Superior de Guerra
JBUSDC – Joint Brazil-United States Defense Commission
JBUSMC – Joint Brazil-United States Military Commission
LBDN – Livro Branco de Defesa Nacional
MAP – Military Assistance Plan
OEA – Organização dos Estados Americanos
OTAN – Organização do Tratado do Atlântico Norte
OTAS – Organização do Tratado do Atlântico Sul
PDN – Política de Defesa Nacional
PROLANTAR – Política Nacional para os Assuntos Antárticos
PROSUB – Programa de Desenvolvimento de Submarinos
PROSUPER – Programa de Obtenção de Meios de Superfície
TIAR – Tratado Interamericano de Assistência Recíproca
TNP – Tratado de Não Proliferação
UNITAS – United International Anti-Submarine Warfare Agreement
ZOPACAS – Zona de Paz e Cooperação do Atlântico Sul

SUMÁRIO

PREFÁCIO
PENSAR SEGURANÇA, PENSAR DEFESA "Navigare necesse, vivere non est necesse!"..21

INTRODUÇÃO 25

1 O ATLÂNTICO SUL:
Brasil e Estados Unidos e as questões de segurança 29

    1.1   A segurança nas relações Brasil-Estados Unidos 29
    1.2   A 2ª Guerra Mundial e seus efeitos: participação conjunta, segurança tutelada e reação brasileira 32
    1.2.1 A aliança formal: cooperação subordinada, dependência material militar brasileira e a pretensão brasileira de preponderância naval no Atlântico Sul 35
    1.3   Nos ventos da Guerra Fria: o sistema interamericano de segurança hemisférica 38
    1.3.1 O enquadramento do Atlântico Sul na estratégia do *containment* norte-americana: implicações para os objetivos brasileiros de preponderância naval..41
    1.3.2 O Acordo Militar de 1952...47
    1.3.3 A Operação Unitas: o espaço da "cordialidade" e da "distensão" 51
    1.4   Conclusões 53

2 O BRASIL POTÊNCIA EMERGENTE:
afirmando os interesses brasileiros no Atlântico Sul...........................55

    2.1   A incorporação da dimensão atlântica nas concepções geopolíticas brasileiras: a Escola Superior de Guerra e o pensamento do General Golbery...55
    2.2   O Atlântico Sul no pensamento da "Escola" geopolítica brasileira ...60
    2.3   O Atlântico Sul no contexto dos governos militares 63
    2.3.1 A ampliação do mar territorial brasileiro: questões de soberania e segurança nacional e as divergências com os EUA..................66
    2.3.2 A Marinha do Brasil em busca de autonomia estratégica............72
    2.4   O avanço autonomista da política externa brasileira no espaço sul-atlântico..73
    2.4.1 A renovada tentativa de formalização do pacto militar da OTAS 75

2.4.2 A Guerra das Malvinas e suas implicações para a segurança sul-atlântica 80
2.5 A problemática de delimitação do Atlântico Sul 86
2.6 Conclusões 88

3 ATLÂNTICO SUL:
questões de segurança atuais e perspectivas 91

3.1 O Fim da Guerra Fria: novo enfoque para a segurança internacional e regional 91
3.2 O *hegemon* em busca de afirmação e segurança: a "grande estratégia" norte-americana 93
3.2.1 Os mares e oceanos na "grande estratégia" norte-americana no pós-Guerra Fria: o lugar do Atlântico Sul na Estratégia de Segurança Nacional dos EUA 95
3.3 A inserção internacional de segurança do Brasil no pós-Guerra Fria 97
3.3.1 O Atlântico Sul na Política de Defesa Nacional, na Estratégia Nacional de Defesa e no Livro Branco de Defesa Nacional 100
3.4 Interações e evolução da situação securitária no Atlântico Sul no Pós-Guerra Fria 108
3.4.1 A nova geopolítica do Atlântico Sul: de "golfão excêntrico" à nova fronteira de recursos 111
3.5 Conclusões 125

CONCLUSÃO E PERSPECTIVAS 127

REFERÊNCIAS 131

APÊNDICE 141

SOBRE O AUTOR 147

PREFÁCIO

PENSAR SEGURANÇA, PENSAR DEFESA

"Navigare necesse, vivere non est necesse!"
Pompeu

Quando cursava minha graduação em Relações Internacionais, na primeira metade da década de 1990, pouco se tratava na academia brasileira sobre os temas deste livro. Segurança e Defesa eram assuntos restritos às escolas militares e, entre pesquisadores civis, com honrosas exceções, o preconceito permeava as análises das grandes questões das relações entre os povos, sobretudo se envolvessem áreas do conhecimento proscritas como Geopolítica e temas relacionados aos Estados Unidos da América (EUA) e seus vínculos com o Brasil. Os assuntos em voga eram integração regional, multilateralismo e abertura do comércio internacional, meio ambiente, novas teorias internacionalistas sob prisma econômico, social e cultural. Os poucos que nos interessávamos pela Alta Política, pela segurança e pela guerra, acabávamos alijados, considerados excêntricos e anacrônicos. Afinal, a Guerra Fria (e a História) haviam acabado e tratar de Relações Internacionais sob uma ótica mais tradicional era, no mínimo, "fora de moda".

Felizmente, muito mudou nesses últimos vinte anos. Com o novo cenário de conflito e instabilidade internacional, a ascensão de novos Estados ao patamar de grandes potências (ou as pretensões de outros, como o Brasil), e a profusão de novos atores e novas ameaças à paz e a estabilidade global, Segurança e Defesa voltaram a ter seu papel de destaque nos estudos internacionais aqui no Brasil. E, melhor ainda, cada vez mais civis se interessam e pesquisam esses assuntos, gerando uma massa crítica na academia que vem interagindo com pesquisadores e pensadores militares, em um intercâmbio de ideias, opiniões e perspectivas sem precedentes. São diversos os centros de pesquisa por todo o País, em universidades públicas e privadas, onde assuntos outrora proscritos ou legados aos círculos militares, passam a ser objetos de monografias, dissertações e teses. O quadro é, portanto, belo, e o futuro promissor.

Entre as pesquisas recentes sobre Segurança e Defesa no Brasil está o presente trabalho de Jansen de Oliveira, no qual o autor descreve com maestria as relações entre o Brasil e os EUA no Atlântico Sul. Trata, portanto, e este é um dos méritos do presente livro, de dois temas que ainda carecem de mais estudos entre os estudiosos brasileiros: 1) a Segurança do Atlântico Sul sob perspectiva nacional, e 2) as relações com a Superpotência no campo da Segurança.

A vida veio dos oceanos. E a vida de uma nação como Brasil, com 8 mil quilômetros de costa e 4,5 milhões de quilômetros quadrados de águas jurisdicionais, passa necessariamente pelo Atlântico. É pelo oceano que trafega mais de 90% do comércio brasileiro, ali estão nossas principais reservas de petróleo e gás, uma variedade de minerais, fontes outras de energia e, sobretudo, recursos vivos de valor ainda inestimável, sendo a última fronteira a ser explorada. Foi pelo oceano que chegaram os primeiros europeus, africanos e outros povos que compuseram esse caleidoscópio de etnias e culturas que forma a sociedade brasileira – nossos laços com o restante do mundo se deram, desde sempre, pelo mar. E, se foi fundamental ao nosso passado, no oceano também se encontra nosso futuro. Daí que, ao pensarmos em segurança e desenvolvimento do Brasil e de nosso entorno estratégico, nossas atenções devem voltar-se ao oceano, mais particularmente ao Atlântico Sul.

Este é um livro que tem o Atlântico Sul como pano de fundo. Trata da percepção de Brasil e EUA sobre a segurança nessa área tão estratégica, e busca "avaliar em que medida os interesses brasileiros e norte-americanos na segurança do Atlântico Sul convergem ou divergem, à luz da relação que se formou para a proteção desta área desde fins da Segunda Guerra Mundial e que se tem mantido até os dias atuais". Com primazia, o autor analisa as relações entre a maior potência mundial e o gigante lusófono, os pontos de afinidade e discordância entre os dois Estados ao longo das últimas décadas, considerando interesses e objetivos de cada um no Atlântico Sul e suas ações nessa região estratégica, enfim, as relações de cooperação e conflito entre os dois grandes atores.

Algumas palavras deste Prefácio também devem ser dedicadas ao outro eixo do presente estudo: as relações entre Brasil e EUA. Durante décadas, em razão de um misto de desconhecimento e preconceito, a academia brasileira deu pouca atenção às pesquisas sobre nossos laços com a maior potência mundial. Surpreende como os EUA são ainda tão pouco conhecidos de pesquisadores brasileiros (em particular aqueles das Ciências Sociais), e como a intelectualidade de nosso País ainda vê os estadunidenses sob um prisma da influência ideológica de tempos em que ser culto era atacar os EUA com todas as forças e acusar aquela nação de grande opressora dos povos da América Latina. Com isso, erguia-se um muro nos separando dos americanos do norte, e o conhecimento brasileiro sobre a Superpotência era minorado. Esse cenário, felizmente, também está mudando e a obra que o leitor tem nas mãos contribui para uma maior compreensão dos interesses estadunidenses nesta parte do globo.

Em seu texto, Jansen não deixa de considerar temas complexos, como a busca de autonomia estratégica da Marinha do Brasil, com vistas a operacionalizar a segurança no Atlântico Sul. Para isso, o autor analisou documentos de defesa brasileiros, conversou com técnicos e especialistas, e com agentes públicos relacionados aos projetos estratégicos da Força Naval. Nesse sentido, fundamental assinalar a importância do Programa Nuclear da Marinha (de fato, programa nuclear brasileiro), do Programa de Desenvolvimento de Submarinos (PROSUB) e do Programa de Obtenção de Meios de Superfície (PROSUPER), entre outros, essenciais para que a nossa Armada, que tantas glórias trouxe a este País nos tempos de Tamandaré e do Império, alcance (ou recupere) status compatível com as dimensões do País e seus anseios no concerto das nações.

Qualquer estudo sobre o Atlântico Sul tem que considerar a maior potência da região, ou seja, os EUA (afinal, os EUA são a maior potência do hemisfério Sul, assim como o são da Europa e da Ásia – seus interesses são globais, é bom lembrar). Jansen também analisou a perspectiva estadunidense, a partir das estratégicas de segurança daquele país e de posicionamentos de suas instituições relacionadas no que concerne ao tema. Assim, considerou o restabelecimento da IV Frota e o papel estratégico do Comando Africano dos EUA, levando em conta os interesses norte-americanos na região percebida pelo Brasil nosso entorno estratégico. O livro contribui para o melhor entendimento das relações de cooperação e conflito entre nós e os estadunidenses.

Outro tema que perpassa o presente livro é questão dos regimes de segurança no Atlântico Sul, com destaque para a perspectiva frustrada da criação de uma Organização do Tratado do Atlântico Sul (OTAS) e para iniciativa da Zona de Paz e Cooperação do Atlântico Sul (ZOPACAS). Atenção foi dada, ainda, a questões relacionadas à Segurança Hemisférica e ao regime da Antártica, como temas inerentes à perspectiva geopolítica brasileira desde os tempos dos generais Golbery e Meira Mattos, da professora Therezinha de Castro e do Almirante Vidigal. Os mestres do passado não podem ser esquecidos, e Jansen faz a devida referência à Escola Geopolítica Brasileira.

Em se tratando de Escola Geopolítica Brasileira, e com a liberdade de quem tem a honrosa satisfação de prefaciar um livro como este, vem-nos logo à lembrança o saudoso Almirante Armando Amorim Ferreira Vidigal, militar brasileiro de extrema inteligência e perspicácia, que tivemos a alegria de conhecer e muito com ele aprender. Homem de lucidez singular, o Almirante Vidigal devotou sua vida a pensar as dimensões estratégicas do Brasil, sempre ressaltando a relevância do mar para a segurança e o desenvolvimento do País. Último dos grandes geopolíticos de sua geração, o Almirante Vidigal seguiu até o fim defendendo um projeto de Brasil grande, que só poderia ser alcançado se os brasileiros aprendêssemos a importância do oceano para a nação. Ao ler o livro de Jansen, à nossa memória vinham constantemente os ensinamentos do mestre: é certo que ele teria gostado muito de discutir estratégia, geopolítica, segurança, defesa e poder naval com o autor deste livro. Nossa deferência ao saudoso brasileiro, que ora navega nos verdes mares do Oriente Eterno, e que nos legou seus ricos ensinamentos!

Ao concluir estas breves linhas, fica a recomendação a todos os interessados em Estratégia, Geopolítica, Segurança e Defesa para que leiam a presente obra de Jansen de Oliveira. Ela certamente já tem seu lugar entre as referências sobre poder naval e relações entre Brasil e EUA no Atlântico Sul. E que venham outras! Que novas pesquisas sejam desenvolvidas por civis, militares, civis e militares. O Brasil carece de geopolíticos, estrategistas e pensadores da Segurança, da Defesa e da Guerra! Que venham outras! E que tragam reflexões tão profícuas quanto as apresentadas neste livro! Afinal, navegar é preciso!

Brasília, 15 de abril de 2015.

Joanisval Brito Gonçalves[1*]

---

1   *Joanisval Brito Gonçalves é Consultor Legislativo do Senado Federal para a área de Relações Exteriores e Defesa Nacional e Consultor para a Comissão Mista de Controle das Atividades de Inteligência do Congresso Nacional (CCAI), advogado e professor. Doutor em Relações Internacionais pela Universidade de Brasília (UnB), dedica-se há mais de uma década a estudos e pesquisas na área de Inteligência, Segurança e Defesa, sendo membro de associações nacionais e internacionais nessas áreas, e Vice-presidente da Associação Internacional para Estudos de Segurança e Inteligência (INASIS). Os conceitos e opiniões aqui emitidos são exclusivamente do autor e não refletem necessariamente as posições de entidades às quais esteja vinculado. Website: www.joanisval.com. E-mail para contato: joanisval@gmail.com.

INTRODUÇÃO

O tema da segurança do Atlântico Sul tem sido uma constante nas relações entre Brasil e Estados Unidos desde a eclosão da Segunda Guerra Mundial, embora ocupando relevância geopolítica e geoestratégica diferenciada nas políticas de segurança e defesa de cada país em cada momento histórico. Em grande medida, as oscilações na ênfase dada à segurança deste Oceano refletem importantes mudanças de ordem interna e externa pelas quais Brasil e EUA atravessam, o que, ao longo do tempo, tem se traduzido numa dinâmica marcada por convergências e divergências sobre como operacionalizar os esquemas de segurança e defesa incidentes sobre o Atlântico Sul.

Embora este Oceano tenha ocupado tradicionalmente um lugar secundário no plano geopolítico mundial, sendo considerado fundamentalmente rota marítima comercial afastada de tensões internacionais, sua relevância tem se elevado não somente por crescentes atividades relacionadas à formação de estruturas de segurança extrarregionais, ao aumento das chamadas novas ameaças (pirataria, terrorismo, tráfico de drogas) e aos fluxos comerciais, mas principalmente por já refletir preocupações com condições de segurança futuras vinculadas a clamores territoriais, como no caso do continente antártico, e à perspectiva de exploração de recursos minerais no subsolo marinho.

Os estudos dedicados à segurança do Atlântico Sul, na sua maioria produzidos no âmbito dos cursos de formação militar, têm atribuído ênfase quase exclusiva aos aspectos geopolíticos deste Oceano, sem perspectivas de ineditismo analítico histórico, ou limitando-se a reiterar conclusões passadas. Durante o processo de elaboração da pesquisa, observou-se a existência de lacunas existentes nos estudos sobre o Atlântico Sul, sobretudo uma perspectiva histórica de mais longo prazo, que permita elencar elementos de regularidade nas relações Brasil-EUA e identificar tendências que forneçam uma base para a construção de cenários futuros na região sul-atlântica.

Nesse sentido, a presente obra, que é uma versão ampliada da dissertação defendida no Instituto de Relações Internacionais da Universidade de Brasília em 2013, objetiva analisar, em perspectiva histórica, as convergências e divergências entre os interesses brasileiros e norte-americano sem relação ao aspecto securitário do Oceano Atlântico, as estratégias de segurança e defesa destes dois atores para a área sul-atlântica, além de prover um cenário prospectivo em que se possa divisar o possível quadro de interação entre os dois atores a partir do desdobramento de eventos já em curso no Atlântico Sul. O período da análise compreende desde a aliança formada no contexto da Segunda Guerra Mundial até os mais recentes eventos no limiar do século XXI. Esse longo período se justifica pela proposta de se adotar perspectiva histórica que permitisse acompanhar as mudanças internas e externas em cada Estado analisado, que afetam a dinâmica de segurança.

Para essa tarefa, o presente trabalho foi estruturado em três capítulos. No primeiro capítulo, procurou-se apresentar de forma concisa a evolução da segurança como vetor das relações históricas dos dois países a partir de cinco fases estruturantes do relacionamento, identificadas como "aliança", "alinhamento", "autonomia" e "ajustamento-afirmação". Optou-se por essa abordagem estrutural, na medida em que lançar mão de uma única teoria das relações internacionais como prisma analítico seria incorrer no risco de relevar importantes aspectos comportamentais das políticas externas dos dois países.

Nesse primeiro capítulo, o período abrangido trata dos efeitos da Segunda Guerra Mundial para o enquadramento do Brasil e do Atlântico Sul na esfera de influência e na estratégia de segurança e defesa norte-americanas na nascente Guerra Fria até o início do regime militar brasileiro em 1964. Procurou-se analisar as causas estruturais do engajamento brasileiro ao lado dos Estados Unidos, avaliar em que consistiam os objetivos brasileiros de segurança em relação ao Atlântico Sul e em que medida o alinhamento do país aos EUA impedia ou contribuía para a consecução daqueles objetivos.

No segundo capítulo, enfoca-se o lugar que o Atlântico Sul passa a ocupar na perspectiva de segurança do "Brasil grande potência". Teceu-se uma análise da sua abordagem nos estudos de geopolítica no país, bem como o *locus* fundamental que passou a ocupar na política externa brasileira de segurança e no desenvolvimento brasileiros, no momento em que o país buscava uma posição mais autônoma no plano internacional. Essa fase corresponde ao período em que o Brasil passou a formular uma concepção própria de segurança para o Atlântico Sul e no qual este Oceano experimentou um período de grande atividade militar e política em ambos os lados de sua margem. Aborda-se neste capítulo também a grande dificuldade de delimitar este Oceano, cuja problemática se estende aos dias atuais.

A terceira e última parte é dedicada a avaliar a atual conjuntura de segurança do Atlântico Sul, seu "estado da arte", a partir do fim da Guerra Fria, analisando seu lugar nas políticas de segurança e defesa de Brasil e Estados Unidos, e procurando ressaltar como estas políticas são elaboradas como forma de elucidar as perspectivas de interação entre esses dois países na região sul-atlântica. Tecem-se aqui considerações sobre a inserção internacional de segurança do Brasil à luz de sua relação com os EUA, tendo em conta as mudanças em curso no plano internacional e nacional. Presta-se atenção particular para a crescente relevância do Atlântico Sul como nova fronteira de recursos e aos principais desenvolvimentos em termos de propostas extrarregionais de estruturas de segurança desse espaço oceânico, e como o Brasil tem reagido a elas.

No decorrer dos períodos analisados, procurou-se avaliar tanto as posições militares quanto as diplomáticas brasileiras, para se medir não somente o nível de interação entre essas duas instâncias, cujas visões tiveram mais ou menos influência sobre o processo decisório concernindo o Atlântico Sul, mas também a percepção de segurança de ambas as instituições sobre o Atlântico Sul.

Deram embasamento à análise do tema dados e informações colhidos em livros da literatura especializada, em documentos oficiais de ampla divulgação de ambos os governos, em artigos de revistas especializadas e em entrevistas realizadas com autoridades militares especializadas no assunto, sendo reservados ao sigilo as informações e os dados que por ventura tenham sido considerados "sensíveis" pelos entrevistados.

1 O ATLÂNTICO SUL:
Brasil e Estados Unidos e as questões de segurança

Várias razões de ordem conjuntural e estrutural condicionam a decisão de um país de tomar parte ou não em determinado conflito, individualmente, ou em coalizão com outros Estados. Há de se ressaltar, contudo, que as particularidades geográficas dos territórios nacionais, ou seja, seu espaço e posição, têm relevante papel, ou mesmo uma função determinista, na inserção do Estado em certas conjunturas internacionais. Nesse sentido, parece não haver dúvida de que a posição do Brasil em relação ao Atlântico Sul, com seus extensos 8.400 km de litoral, projeta-o inevitavelmente em conflitos que ocorram nesta imensa área oceânica, mesmo naqueles que, por ventura, não tenha causado (MATTOS, 1975). Foi exatamente a geografia litorânea brasileira, mormente o promontório nordestino, que conferiu ao Brasil importância estratégica no esforço de guerra aliado na Segunda Guerra Mundial, e, ato contínuo, na estratégia norte-americana de contenção soviética na Guerra Fria.

Neste capítulo, far-se-á uma análise da segurança nas relações Brasil-EUA e tratar-se-á dos fatores conjunturais e estruturais que levaram o Brasil a subordinar-se à estratégia norte-americana para a segurança do Atlântico Sul da Segunda Guerra Mundial até o fim do governo João Goulart e, dentro desse período, analisar quais eram os objetivos brasileiros para a região sul-atlântica e como estes eram obstados ou promovidos pelos EUA.

1.1 A segurança nas relações Brasil-Estados Unidos

Analisar a contemporaneidade da segurança do Atlântico Sul nas relações entre Brasil e Estados Unidos e as discussões que se suscitam entre opções de alinhamento e autonomia, exige um esforço de entendimento das linhas gerais que têm caracterizado este relacionamento ao longo do século XX e no início do século XXI. De fato, grande parte do que substancia os debates nos meios militares e acadêmicos sobre o espaço sul-atlântico, tanto na perspectiva brasileira, quanto em âmbito internacional, é uma evolução das condições e das percepções engendradas no contexto da bipolaridade vigente no século passado, matizada por novos desdobramentos na conjuntura geopolítica mundial e na reconfiguração da estrutura global de poder na atualidade.

Embora haja nuances na terminologia usada pela literatura de relações internacionais para classificar os diversos momentos de atuação internacional brasileira, tal diferenciação é praticamente inexistente quando se trata de analisar os temas relativos às posições do Brasil em face dos Estados Unidos. Nas obras de autores tradicionalmente dedicados ao tema, como Moura (1980), Cervo e Bueno (2002), Moniz Bandeira (1978, 1989), Vizentini (1998), Guimarães (1999), Souto Maior (2001), Pecequilo (2011) e Hirst (2006, 2009, 2011), expressões e conceitos como "aliança especial", "alinhamento automático", "autonomia", "americanismo", "antiamericanismo" e "rivalidade emergente", para mencionar os mais consagrados, fazem parte do acervo denominativo do campo de estudos das relações entre os dois países e são reveladores de momentos de polarizações internas, refletindo fases distintas do poder brasileiro e do norte-americano no sistema internacional (PECEQUILO, 2011).

Procurando sintetizar o dinamismo desta relação, Hirst (2006, 2009, 2011) propõe uma classificação estruturada em períodos, os cinco "As" da relação bilateral, que aqui serão o parâmetro orientador dos propósitos analíticos desta dissertação: "Aliança", que corresponde ao período da gestão do Barão do Rio Branco (1902-1912) ao fim da neutralidade brasileira na Segunda Guerra Mundial (1942);"Alinhamento", subdividido em três fases: a primeira, que vai de 1942 a 1945, relativo à participação conjunta de EUA e Brasil na Segunda Guerra Mundial, de 1964; a segunda, que vai de 1946 a 1964, corresponde ao período democrático brasileiro; e a terceira, que vai de 1964 a 1974,referente aos governos militares até a gestão de Médici; "Autonomia", que vai do início da administração Geisel até o fim do Governo José Sarney em 1989; e "Ajustamento-Afirmação", iniciado no Governo Fernando Collor em 1990 e vigente até o presente momento. Para os fins metodológicos deste trabalho, o período referente à "Aliança" não será incluído, pois tal período encontra-se fora do escopo temporal delimitado pelo estudo proposto.

Na trajetória do secular relacionamento entre Brasil e Estados Unidos, a literatura consultada apresenta consenso no que tange as relações de segurança entre os dois Estados, resumidas nos seguintes pontos: primeiramente, a estrutura de poder assimétrica tem determinado as relações entre os dois países. Para os EUA, a relevância do Brasil na política internacional e nas questões de segurança é limitada, porém o inverso não se aplica, na medida em que o Brasil o tem como ator referencial, tanto por determinismo geográfico quanto pela presença hegemônica norte-americana no continente americano. Isso se verifica mesmo antes da Segunda Guerra Mundial, na aliança empreendida pelo Barão do Rio Branco com os EUA, durante sua gestão no Ministério das Relações Exteriores, instrumentalizando habilmente a Doutrina Monroe para a consolidação do território nacional, a inauguração do processo econômico e social do país e para a defesa contra investidas europeias no continente sul-americano (PECEQUILO, 2011).

Essa assimetria de poder é um dado permanente e não foi atenuada mesmo quando o Brasil desenvolveu sua indústria de armamentos e alcançou significativo desenvolvimento econômico nos anos de 1970.

Em segundo lugar, o relacionamento com os EUA representa elemento central para a estratégia de inserção internacional brasileira. No contexto das relações bilateral-hemisféricas, todas as vezes que o Brasil se dispõe a elevar sua parcela de autonomia de poder e a ter maior protagonismo nas questões de segurança e defesa regionais, o país termina indispondo-se com a superpotência norte-americana em variados graus de conflito, tal como nos casos de solicitação de incremento no papel dos militares brasileiros na estrutura de defesa sul-americana, na objeção à intervenção armada contra Cuba em 1962 e na decidida consecução de seu programa nuclear, no entanto sem chegar ao enfrentamento direto.

Em terceiro lugar, a maneira como os dois atores dispõem-se a cooperar ou, alternativamente, a administrar divergências, depende da percepção que cada um tem da própria posição em determinado momento histórico e futuro no continente e no mundo, e de como interpretam as posições do outro, como ficou evidente na disposição brasileira de estender unilateralmente sua soberania sobre o mar territorial brasileiro, recolhendo forte crítica dos EUA, mas sem que isso resultasse em retaliação norte-americana.

Por derradeiro, os dois países convergem sobre grandes temas da agenda de segurança internacional e hemisférica, porém divergem constantemente sobre a forma de abordá-los e operacionalizá-los.Isso fica claro em episódios como a intervenção norte-americana em Granada na década de 1980, nas propostas de transformação das Forças Armadas sul-americanas em forças policiais para combater o narcotráfico, no desencadeamento do Plano Colômbia no início deste século XXI e na manutenção do embargo norte-americano à Cuba. Amiúde, as divergências aparecem na oposição brasileira às respostas militares que os EUA proveem a problemas de desenvolvimento, pois para o Brasil o diálogo e a negociação são meios prioritários. Essa dinâmica está na base da dicotomia "aderir *versus* opor-se", e que atualmente se traduz na disposição de encetar diálogo franco e maduro, com vistas ao estabelecimento de uma relação equilibrada.

Buscou-se, nesta breve abordagem, entender o lugar da segurança nas relações Brasil-Estados Unidos, suas percepções em cada momento histórico do relacionamento, procurando destacar as principais características do relacionamento entre os dois atores. Na próxima sessão, a questão da segurança no Atlântico Sul será especificamente abordada.

1.2 A 2ª Guerra Mundial e seus efeitos: participação conjunta, segurança tutelada e reação brasileira

Nenhum estudo sobre as condições de segurança e defesa de um Estado ignora a dimensão geopolítica. É na avaliação das disposições do território e dos recursos existentes, sejam naturais ou de poder[2], que estrategistas se fundamentam para traçar diretrizes e para mensurar o grau de vulnerabilidade a que o país está submetido. A geopolítica serve igualmente à extensão do poder dos Estados que pretendem uma projeção para além de seu território. Esse é um aspecto fundamental a se considerar, ao analisar-se porque o Atlântico Sul e o Brasil foram peças-chave na estratégia de segurança hemisférica norte-americana.

A inspiração da estratégia norte-americana para a segurança e a defesa hemisférica, para o domínio dos mares e para a projeção global de seu poder durante e após a 2ª Guerra Mundial nutre-se das concepções do geógrafo Nicholas Spykman (1893-1943), elaboradas em sua obra *America's Strategy in World Politics: the US and the balance of power*, publicada em 1942. Suas proposições substanciam grandemente a perspectiva norte-americana sobre os domínios marítimos e sobre sua presença militar no mundo até os dias atuais, e exerceram influência na produção geopolítica brasileira sobre a segurança sul-atlântica (DECUADRA, 1991; GUIMARÃES, 1999)[3]. O que importa observar aqui é o fato de que as primeiras concepções sobre uma geopolítica do Atlântico Sul, com aplicação efetiva, surgiram nos EUA, e não no Brasil como se deveria supor. Um país de vasta extensão litorânea, cuja configuração histórica, econômica e social tem no mar um de seus principais meios formadores, não logrou produzir concepções estratégicas próprias que incorporassem a dimensão marítima sul-atlântica desde a sua formação. Qualquer produção geopolítica sobre o Atlântico Sul foi inexpressiva no Brasil até o final da década de 1950. Esse fato, aliado ao poderio norte-americano no contexto bipolar, explica em grande parte porque, pelo menos inicialmente, o Brasil subordinou a segurança do Atlântico Sul à tutela dos EUA.

Segundo Spykman (2008), o mar é uma variável de alta relevância estratégica para a segurança americana, pois a comunicação entre os países do eixo (Alemanha, Itália e Japão), sediadas no continente eurasiático, e o hemisfério ocidental era efetuada pelos Oceanos Ártico, Pacífico e Atlântico. Ao considerar os EUA o epicentro estratégico do hemisfério ocidental, a defesa da massa continental norte-

---

2   Não há consenso na literatura sobre quais sejam os atributos permanentes do poder do Estado, embora haja algum grau de coincidência na identificação dos fatores. Spykman (2008) identifica os seguintes elementos: superfície do território, natureza das fronteiras, quantidade de população, ausência ou presença de matérias primas, desenvolvimento econômico e tecnológico, capacidade financeira, homogeneidade étnica, grau de integração social, estabilidade política e coesão nacional. Morgenthau (2003) elenca sete fatores: geografia, recursos naturais, capacidade industrial, grau de eficiência militar, população, caráter nacional, moral nacional e aptidão diplomática.

3   No pensamento geopolítico, uma das primeiras teorias desenvolvidas foi exatamente a do poder marítimo, elaborada pelo almirante Alfred Thayer Mahan. No final do século XIX, Manhan defendia o desenvolvimento da marinha de guerra dos EUA, para garantir o controle dos mares. Assim, buscava-se defender os interesses comerciais e militares, além da projeção de poder do país no contexto internacional. O pensamento de Mahan inspirou a construção do Canal do Panamá, unindo os oceanos Atlântico e Pacífico através do istmo centro-americano.

americana seria assegurada por meio de bases de defesa instaladas nas três frentes oceânicas que a cercam, o Ártico, o Pacífico e o Atlântico. Este último Oceano, em particular, mantinha função de garante das linhas de comunicação marítimas, caso houvesse um bloqueio germânico. O subcontinente sul-americano cumpria ainda a função estratégica de fonte de matérias primas, essencial à manutenção do funcionamento do parque industrial norte-americano.

Especificamente sobre o Atlântico Sul, Spykman (2008) temia um ataque alemão por meio do Oceano Atlântico, elaborando para tal um esquema de cinco zonas estratégicas para a defesa atlântica. O Brasil estava incluído nas quarta e quinta zonas, em razão das suas dimensões continentais[4]. A quarta zona, a "zona de contenção sul--americana", compreendia o Peru, o Equador, a Bolívia e o Chile, no Pacífico, e, do lado Atlântico, incluía a Amazônia e o Nordeste brasileiro. Neste último, o "saliente nordestino" era a área mais sensível e importante, pois era o "ponto de estrangulamento", a área mais próxima entre o Brasil e Dakar, na África, de onde se temia um ataque aéreo inimigo. A quinta zona, a "zona sul-americana equidistante", incluía Brasil, Argentina e Uruguai, considerada a mais importante em recursos estratégicos, porém de baixo potencial defensivo e bélico, devendo ser patrulhada pela frota atlântica, a IV Esquadra Americana, para a proteção das rotas marítimas costeiras hemisféricas. Conforme esclarece Penha (2011, p. 80), dessa maneira,

> a América do Sul, especialmente a sua vertente oriental, integrava-se assim na sua concepção, à geoestratégia de defesa do Atlântico Sul e do Hemisfério Ocidental. Como ocorreria mais tarde em outras regiões do globo, essa integração obedecia à lógica dos interesses de uma grande potência (EUA) em sua projeção geopolítica mundial. Aos Estados colocados sob sua órbita de influência caberia definir uma geopolítica que internalizasse as estratégias militares americanas através do binômio segurança e desenvolvimento.

Iniciadas as hostilidades na Europa, em 1939, já se cogitava a participação dos EUA na guerra pela cúpula decisória norte-americana, por mais que o discurso oficial mantivesse a retórica da neutralidade. Os anos seguintes confirmariam esta possibilidade, na medida em que o avanço nazista sobre o norte da África e a crescente presença de submarinos no Atlântico Norte expunha a segurança territorial norte-americana a risco. Atribuindo-se responsabilidade precípua pela defesa do continente, os EUA buscavam granjear o apoio das demais Repúblicas americanas e alinhá-las com seus interesses gerais. Conforme afirma Moura (1991, p. 8), a presença norte-americana na América Latina almejava, desde o início da Guerra, "extirpar completamente das Américas a influência econômica, política, militar e cultural dos países do Eixo; ao mesmo tempo Washington procurava assegurar uma decidida colaboração latino--americana a sua própria política internacional". Na observação de Alves (2005), o

---

4 As demais zonas eram: a primeira, "a zona de contenção norte-americana", incluindo Islândia, Groelândia e Península do Alaska; a segunda, a "zona continental norte-americana", abarcando o território dos EUA e o Canadá; e a terceira, o "Mediterrâneo americano", compreendendo o Mar do Caribe, a América Central, o México, a Colômbia e a Venezuela.

Brasil, por sua relevância política regional, era vital para a consagração da política pan-americana estadunidense, e seus atributos faziam-no o mais importante e indispensável aliado ibero-americano dos Estados Unidos.

O diagnóstico de Washington para a América do Sul era de que esta área estava incluída nos planos de dominação mundial nazista, em função das tendências pró-Eixo argentinas e da forte presença de colonos alemães e italianos no Sul do Brasil. A partir destas constatações é que a cidade de Natal[5] tornava-se o ponto mais sensível do território brasileiro e configuraria o "trampolim da vitória" para as operações no norte africano (MOURA, 1991, MUSSALÉM, 2005; ALVES, 2005).

Esse era o quadro político internacional no qual se inseria o governo de Getúlio Vargas, sendo informado pelo impulso norte-americano rumo à condição de superpotência no concerto das nações. Diante da inevitabilidade de colaborar com os EUA, Vargas contemporizava numa estratégia de barganha para se extrair o máximo de benefícios da conjuntura. Diante dos clamores nacionais de participação na guerra em face do afundamento de navios mercantes brasileiros por submarinos alemães, Vargas define-se pelo alinhamento formal com os Estados Unidos em 1942 (CERVO e BUENO, 2002; HIRST, 2011).

No entanto, como afirma Mussalém (2005), o Nordeste já fazia parte da estratégia de defesa norte-americana desde pelo menos o final de 1940, e os temores de um ataque do Eixo a partir da África tornaram-se reais até 1942, com o aumento do espectro nazista no norte daquele continente. Eram altas as possibilidades de ataque submarino alemão à rota dos navios mercantes que abasteciam a Grã-Bretanha e os próprios Estados Unidos. A defesa do Nordeste era crucial para os americanos, que, por seu turno, descriam da capacidade brasileira de garantir a defesa regional por meios próprios[6].

Por algum tempo, Washington acalentou planos de ocupação do Nordeste e do Norte brasileiros, em vista da indefinição de Vargas e de sua cúpula militar, que demonstravam aversão ao estabelecimento de bases navais e aéreas em solo brasileiro, sob a alegação de uma verdadeira violação da soberania nacional (MONIZ BANDEIRA, 1978). Foram frequentes as manifestações de resistência às tropas estadunidenses no país. O Marechal Eurico Gaspar Dutra, Ministro da Guerra, escrevia a Vargas na ocasião, considerando injustificável e inconcebível a presença daqueles militares, pois anularia a soberania brasileira na região a converteria em simples território de ocupação estrangeira (SVARTMAN, 2008).

---

5   Natal era também a rota mais segura para aviões americanos chegarem à União Soviética via Irã. Mussalém (2005) dispõe ainda que os americanos imaginavam que os alemães adotariam o critério de "pinças" ocupando a Islândia no Atlântico Norte, as Ilhas de Cabo Verde e a cidade de Dacar no Atlântico Sul. A partir deste ponto, a força germânica poderia atacar o arquipélago de Fernando de Noronha, distante 1.410 milhas de Dacar, e ocupar o Nordeste do Brasil, notadamente Natal, com vistas a um ataque contra o Canal do Panamá, promovendo o isolamento dos portos americanos do Atlântico com os portos do Pacífico.

6   Conforme relatam Conn e Fairchild (2000), as preocupações das autoridades norte-americanas não eram desarrazoadas. Quando o General norte-americano Walsh realizou viagem a Natal para avaliar as condições de defesa da área mais estratégica para os EUA, ele constatou que a guarnição lá presente era formada por noventa militares, munidos de somente 15 pistolas e sem nenhum equipamento antiaéreo.

Conforme informa Silva (1972), no início de 1939, a Escola Superior de Guerra dos EUA realizou um estudo secreto sobre as forças necessárias à proteção do Brasil contra qualquer manobra nazista, concluindo por um contingente de 112.000 homens[7]. Essa avaliação se consubstanciaria na denominada operação *Pot of Gold*. Datada de maio de 1940, e planejada por solicitação do próprio Presidente Roosevelt, nela previa-se o desembarque de uma força composta de 100.000 homens em diversos pontos do litoral, de Belém ao Rio de Janeiro, para impedir que o avanço alemão na costa francesa se estendesse aos litorais brasileiros[8]. Uma vez definido o alinhamento aos EUA, o plano jamais seria posto em prática.

1.2.1 A aliança formal: cooperação subordinada, dependência material militar brasileira e a pretensão brasileira de preponderância naval no Atlântico Sul

Em janeiro de 1942, o rompimento de relações diplomáticas do Brasil com o Eixo, anunciado pelo então chanceler Oswaldo Aranha, foi compensado por créditos suplementares norte-americanos para a exploração de matérias primas brasileiras e para o financiamento da construção da indústria siderúrgica em Volta Redonda, e pela concessão de um fundo de US$ 200 milhões para as Forças Armadas nacionais adquirirem armas nos Estados Unidos pelo sistema *lend-lease*[9]. Por outro lado, e ainda que anterior ao decreto presidencial brasileiro, o Presidente Getúlio Vargas concedera à Panair do Brasil, em princípios de 1941, a construção de aeroportos e a melhoria dos existentes nos litorais do Norte e do Nordeste (CERVO e BUENO, 2002; ALVES, 2005). Nesse contexto, destaca-se a base aérea de Parnamirim, no Rio Grande do Norte, cujo número de decolagens alcançou a notável cifra de 600 aeronaves por dia.

Ao final de abril de 1942, o Presidente Vargas abriu os portos e bases aéreas e navais às forças do Vice-Almirante norte-americano Jonas Ingram, responsável pelo comando do Atlântico Sul, e posto pelo Presidente Vargas, informalmente, no comando de todas as forças aéreas e navais brasileiras, tornando-o, de fato, o responsável pela defesa marítima nacional (DAVIS, 1996; CONN e FAIRCHILD, 2000).

---

7   O autor chama atenção para a desproporção numérica entre a composição desta força e os efetivos do Exército Brasileiro, que em 1939, contava com apenas 60.000 homens, mas que alcançaria o número de 95.000 somente em 1942. Tal disparidade não deixa dúvidas sobre a factibilidade de uma invasão, caso o Brasil recusasse a instalação das bases.

8   McCann (apud Alves, 2002, p. 100) informa que havia outros dois planos, o Rainbow IV e, sobretudo o V, ambos elaborados em 1941, cujos objetivos não eram propriamente defensivos, na medida em que previam uma ocupação maciça do Nordeste brasileiro no momento em que a área já servia de passagem para aeronaves e outros equipamentos militares, talvez mais pelas resistências do Governo Vargas em permitir a entrada de numerosos militares americanos. Ao que tudo indica, ao Governo Roosevelt não era interessante provocar um conflito na retaguarda, sob o risco de precipitar uma ocupação dos nazistas,localizados no outro lado do Atlântico. Preferiu-se esgotar todos os recursos, atendendo às solicitações brasileiras e, assim, obter a concessão pacífica da instalação das bases.

9   O *lend and lease* era um sistema de empréstimos e doações que permitia aos aliados receber armamento dos EUA a baixo preço e em condições excepcionalmente favoráveis de pagamento.

O alinhamento a Washington deu ensejo à formalização de uma aliança militar para a Guerra em maio de 1942. Para tal, formaram-se duas comissões binacionais: uma em Washington, a *Joint Brazil-United States Defense Commmission* (JBUSDC), e outra sediada no Rio de Janeiro, a *Joint Brazil-United States Military Commission* (JBUSMC). Ambas entidades alicerçavam uma *"brotherhood of arms"*(DAVIS, 1996). Segundo Vidigal (1985), a primeira era a mais importante, tendo como função o estudo e o preparo de recomendações referentes à defesa conjunta dos dois países, além de acertar as transferências de equipamentos pelo sistema *lend-lease*; a segunda tinha função auxiliar na implantação das recomendações decididas em Washington.

Os ataques de submarinos alemães a navios da frota mercante brasileira expôs o que há tempos era preocupação do alto oficialato das Forças Armadas brasileiras: o total despreparo e o estado lamentável da Marinha de Guerra nacional. Tornava-se patente que, diante da urgência de obtenção de meios flutuantes adequados à missão de defesa da costa brasileira, a única forma célere de modernização das Forças Armadas seria a transferência de material bélico do exterior. Havia completa defasagem, tanto material quanto doutrinária, para a moderna guerra submarina (VIDIGAL, 1985; ALVES, 2005). O Brasil, à época, já dispunha de uma indústria naval capaz de construir navios modernos, mas não no ritmo requerido pelo conflito. No início das hostilidades europeias, que já se espalhavam pelo Atlântico, a Marinha Brasileira contava com a defasada e envelhecida esquadra de 1904 e mais quatro submarinos[10] (ALVES, 2005).

A participação brasileira na Guerra foi condicionada à transferência de armamentos norte-americanos. Segundo Vidigal (1985), somente depois do recebimento de novas unidades navais, apropriadas ao tipo de guerra em que o Brasil se envolvia, o efetivo naval brasileiro perderia o efeito "quase que exclusivamente moral" para o serviço de patrulha da costa. Nesse sentido, a cooperação aceita pelas autoridades brasileiras afirmava-se "tanto maior quanto maior for a quantidade de material enviado pelos Estados Unidos" (SVARTMAN, 2008).

O esforço de modernização da esquadra brasileira vinculava-se em grande medida ao nacionalismo dos militares brasileiros, acalentando planos de supremacia regional, o que naturalmente incluía a projeção de preponderância naval sobre o Atlântico Sul no pós-guerra, sobretudo em face das rivalidades que nutria em relação à vizinha Argentina. À época, a noção brasileira de Atlântico Sul ainda estava restrita ao patrulhamento da costa brasileira[11]. Uma concepção mais ampla do espaço sul-atlântico, incluindo a margem oeste africana e a Antártida, seria desenvolvida somente na década de 1970. Alves (2005, p. 13) informa que o Estado Maior da Armada produziu um documento solicitando a cessão de um grande número de meios flutuantes, com vistas à formação de uma frota forte o bastante para "a defesa de

---

10   Os dois navios mais "poderosos" da esquadra brasileira eram os dois *dreadnoughts* que datavam da Revolta da Armada, totalmente inadequados para os combates.
11   A esse respeito, Vidigal (1985) observa que toda a problemática estudada na Escola de Guerra Naval, nessa época, desenvolvia-se no Atlântico Sul com oponentes sul-americanos.

nossa extensa costa marítima e à manutenção da hegemonia do Brasil no Atlântico Sul, com o propósito de salvaguardar, em cooperação com nações aliadas, a paz no continente sul-americano".

Deve-se incluir neste cálculo um elemento de preservação da soberania, que amiúde transparece em declarações de resistência dos chefes militares brasileiros, como as do Marechal Góes Monteiro, ao afirmar que "o Brasil não delegará a nenhuma outra potência a função de defender seu próprio território" (SWARTMAN, 2008, p. 85).

A intenção de equipar o Brasil na medida de suas pretensões de supremacia regional traduzia-se na demanda de material bélico correspondente a sua colaboração na Guerra. Aos olhos americanos, havia certo "exagero" brasileiro na requisição de material bélico através dos acordos de *lend and lease*. Mesmo com essa diferença de opiniões, a JBUSDC prosseguia com a aprovação das recomendações no que tangia à defesa conjunta da costa, inscrita na Recomendação nº 14 (MOURA, 1991).

A capacidade de demanda brasileira na JBUSDC encontraria seus limites já em finais de 1942, quando a ameaça existente ao continente americano foi drasticamente diminuída após o êxito da invasão anglo-americana contra as forças do Eixo no Norte da África. A redução da importância brasileira tornar-se-ia patente quando as autoridades estadunidenses, mesmo depois de aprovarem a Recomendação nº 14, que definia o fornecimento de material militar, insistiram na redução dos armamentos destinados ao Brasil. Como informa Moura (1991), o Departamento da Guerra anunciava categoricamente que a Recomendação não impunha nenhuma obrigação aos EUA de ceder equipamentos via sistema *lend and lease* nas quantidades e durante o período especificado. A partir de então, já se tornara claro aos planejadores brasileiros que o Brasil perdia sua condição de teatro potencial de guerra, para resumir-se a uma mera fonte de material estratégico e rota de transporte de suprimentos para as forças aliadas no conflagrado cenário europeu.

Com a derrota do Japão, a Marinha Americana propôs a dissolução da JBUSDC e da JBUSMC, porém a proposta foi prontamente rejeitada pelo Ministro da Guerra brasileiro, General Góes Monteiro. Este entendia que o fim da guerra significaria igualmente que os arranjos dos tempos de guerra feitos para atender a necessidades imediatas não mais se aplicariam. Ainda mais importante, Washington era o *locus* de decisão sobre questões de ajuda e cooperação. Se o Brasil quisesse manter relações especiais e receber assistência militar privilegiada, a JBUSDC deveria manter-se ativa e ter sua relevância e papel realçados. Ao final, ambas as instituições foram mantidas, no entanto, como afirma Davis (1996; 2011), *"the JBUSMC became dominant while JBUSDC slipped into relative obscurity as a rewarding post for both senior Brazilian and U.S. officers"*. A JBUSMC manter-se-ia como canal de comunicação entre os militares dos dois países até 1977.

Por mais que se exaltasse nos discursos oficiais a virtude da cooperação dos dois países na defesa do Atlântico Sul, na realidade a atuação brasileira expunha um caráter essencialmente coadjuvante, restrita a missões antissubmarinas, cabendo a proteção da navegação da costa brasileira primordialmente às forças americanas. De fato, a função suplementar brasileira configurava verdadeira subordinação, pois as determinações das operações eram dadas pelos norte-americanos. Como informa Vidigal (1985, p. 89),

> durante as operações de guerra, infelizmente eram sistematicamente negadas às forças navais brasileiras as informações sobre a situação e sobre o inimigo, ficando essas forças, portanto, numa total dependência operativa do comando americano. O Almirante Soares Dutra, Comandante da Força Naval do Nordeste, em ofício dirigido ao Almirante Jonas Ingram, Comandante da 4ª Esquadra dos Estados Unidos, queixava-se da falta de informações operativas.

No balanço final da guerra, a aliança com os Estados Unidos resolveu as dificuldades que atemorizavam a Marinha Brasileira, além de prover todo fluxo logístico para manter a frota brasileira em níveis operacionais, porém à custa da participação num processo que teria resultados um tanto nefastos. Segundo o Almirante Armando Vidigal (1985, p. 89)

> sob o comando americano, aprendemos a fazer a guerra no mar em moldes modernos, entramos em contato com equipamentos de projeto recente e sofisticados, como o sonar e o radar, passamos a pensar em termos mundiais mais do que em termos regionais, despertamos, mais uma vez, para nossa vocação atlântica. Contudo, à total dependência material somaríamos uma subordinação intelectual esterilizadora nos anos subsequentes.

O saldo final da transferência de equipamento militar feita ao Brasil, por meio do *lend and lease*, alcançaria a cifra de US$ 332 milhões, tornando-o a maior potência regional militar[12] (ALVES, 2002). Na visão das autoridades brasileiras, a aliança militar poderia e deveria fazer mais, de forma a incrementar e atualizar o poder naval brasileiro, no entanto o fim das hostilidades na Europa traria importantes alterações nas diretrizes estratégicas de Washington em relação ao hemisfério americano e, sobretudo, para as pretensões brasileiras de projeção e de predominância sobre o Atlântico Sul.

1.3 Nos ventos da Guerra Fria: o sistema interamericano de segurança hemisférica

Os primeiros anos do pós-Segunda Guerra assinalam um ponto de inflexão na política de cooperação política e militar dos EUA *vis-à-vis* a América Latina. As relações internacionais da região e, sobretudo, do Brasil, estariam condicionadas pela estrutura sistêmica de poder, consubstanciada no antagonismo

---

12   Em termos navais, entre fins de 1942 até princípios de 1945, os EUA cederam um total de 24 embarcações ao Brasil. Nesse conjunto, 16 eram pequenos navios caça-submarino adequados para atividades costeiras, e 8 contratorpedeiros de escolta classe *Bertioga* com radar e sonar. Ambos constituíam relevante acréscimo ao poder da esquadra nacional.

ideológico entre os blocos capitalista e socialista, liderados respectivamente por Estados Unidos e União Soviética. Como informa Moura (1991, p. 46), as preocupações das autoridades norte-americanas ampliaram-se, porém a América Latina desempenhava papel secundário neste quadro de redefinição de interesses. Para Washington, "tratava-se simplesmente de redesenhar o mapa do mundo, instaurando uma nova ordem econômica e política, segundo os interesses das grandes potências vitoriosas".

A dinâmica da formação de alianças na Guerra Fria seguia a lógica da expansão da área de influência das superpotências, e sua contrapartida seriam as manobras para conter esta influência. Do lado norte-americano, o viés político-militar desta contingência se traduziria na estratégia de *containment* (contenção) inscrita na Doutrina Truman, anunciada em março de 1947. Esta seria apoiada pela vertente econômica da estratégia americana na Guerra Fria, o Plano Marshall, que visava à assistência econômica maciça para a reconstrução da Europa (SCOTT, 2006). Idealizada pelo destacado *policy maker* estadunidense, George Kennan, a abordagem fundamental dessa grande estratégia norte-americana era impedir o avanço do comunismo por meios territoriais, militares, econômicos e culturais. A maior ameaça do expansionismo soviético era sua capacidade de atração ideológica, muito mais do que um ataque militar direto a qualquer país do bloco ocidental (MUNHOZ, 2011). Embora esta doutrina de contenção soviética tenha sofrido adaptações, ela manteve, em linhas gerais, a forma pela qual os norte-americanos ditariam uma política de equilíbrio de poder ao longo da Guerra Fria.

O hemisfério americano inseria-se nesta lógica, revestindo-se de alta formalização política e militar em 1947 e 1948. Os esforços de institucionalização de um sistema interamericano de defesa coletiva não se guiariam pela construção de uma estrutura puramente defensiva, mas indicavam o claro objetivo de consolidação do sistema de poder norte-americano. Em termos continentais, Washington almejava "consolidar uma frente antirrussa, eliminar centros de propaganda antiamericana e organizar politicamente a defesa hemisférica", com o objetivo de firmar "um flanco estável, seguro e amigável de países alinhados ao Sul (...) de forma a promover a segurança nacional dos Estados Unidos" (MOURA, 1991, p. 64). Nesse contexto, a América Latina foi a primeira experiência de aliança militar de caráter regional no pós Segunda Guerra Mundial (MUNHOZ, 2011)[13].

O primeiro marco da construção deste sistema foi o acordo que criou o Tratado Interamericano de Assistência Recíproca (TIAR), em 1947, na Conferência Interamericana para a Manutenção da Paz e da Segurança Continental, realizada no Rio de Janeiro. A ideia básica de segurança coletiva sintetiza-se no Artigo 3º do Tratado, prevendo que "um ataque armado de qualquer Estado contra um Estado-parte será

---

13 Segundo Magnoli (2004), a estratégia de *containment* teria desdobramentos globais. A Ásia apresentava uma frágil situação geopolítica, sobretudo pela proximidade com Moscou. A estratégia neste continente assumiu a forma de um "cordão sanitário", a partir da construção de uma rede de alianças militares que cercavam o expansionismo soviético. Nesse contexto, formaram-se a OTAN (1949), a ANZUS (1951), a SEATO (1954) e o Pacto de Bagdá (1955), todos configurando uma linha de contenção ao redor do bloco comunista.

considerado como um ataque contra todos os Estados-partes" (TIAR, 1947). De fato, a conferência ocultava as reais intenções dos EUA: a consolidação de seu sistema de poder em relação ao soviético, na qual a "defesa hemisférica" proporcionava uma valiosa justificativa. Moura (1991, p. 65) corrobora esta visão, afirmando que

> em 1947, não havia qualquer evidência de agressão ou ameaça de agressão externa contra qualquer Estado americano. Se se considera, porém, a "reversão de alianças", o inimigo potencial dos EUA era a URSS e este país desempenhou de fato o papel de ator oculto na conferência.

O segundo marco, a criação da Organização dos Estados Americanos (OEA) na Conferência de Bogotá em 1948, formalizou as relações políticas e econômicas, fortalecendo o sistema pan-americano por meio de uma estrutura jurídica, e dessa forma consolidando as estratégias de defesa hemisférica (VIDIGAL, 1985; ALVES, 2005).

A montagem desse arcabouço de defesa e segurança dava-se na perspectiva de diminuta relevância da América Latina no conjunto das preocupações mais prementes dos EUA no mundo. Essa negligência com a região se traduziria, pelo menos até o fim da década de 1950, em virtualmente nenhum auxílio militar de peso. Em situação diferente estaria a Europa, cuja estrutura de segurança seria robusta e institucionalizada, em 1949, na Organização do Tratado do Atlântico Norte (OTAN)(MARTINS FILHO, 2005; SVARTMAN, 2011).

A situação se agravava, em razão de não haver um programa de ajuda econômica aos moldes do Plano Marshall para a região. Isto se explica, em grande parte, pela redução da influência dos militares norte-americanos na condução da política externa e pela proeminência do Departamento de Estado na condução das políticas para o continente (MARTINS FILHO, 2005; SVARTMAN, 2011). Barros (2007, p. 81) reforça essa visão ao informar que os EUA não pretendiam realizar investimentos estatais no Brasil, mas de fato queriam flexibilizações legais que afiançassem retornos mais vultosos ao investimento privado norte-americano.

O foco dos EUA eram as áreas de influência imediata soviética: a Europa e a Ásia. A crise de Berlim (1948), a tomada do poder pelos comunistas na China (1949) e a eclosão da Guerra da Coreia (1950-1953) ensejaram a aprovação do *Mutual Defense Assistance Act* em 1949, cuja legislação forneceria o quadro geral para o *Mutual Security Act* de 1951, que unificaria o sistema de ajuda militar norte-americano. As consequências para a América Latina não seriam as mais vantajosas. A aprovação do primeiro documento estabelecia a alocação de recursos da ordem de US$ 1,3 bilhões, sem que se destinasse um único centavo à região, que, por sua vez, somente poderia adquirir armas norte-americanas a preços comerciais (ALVES, 2005; MARTINS FILHO, 2005; DAVIS, 2011).

Essa conjuntura internacional, por outro lado, favoreceria o fortalecimento do Sistema Interamericano de Defesa, cujo resultado mais auspicioso foi a aprovação de uma primeira série de acordos bilaterais efetuados para o estabelecimento de missões de assessoria militar, a partir de 1952, com todos os países da região, exceto o México e Argentina[14]. No entanto, um auxílio de monta somente seria aventado com a Revolução Cubana em 1959. Esse era o quadro em que o Brasil se inseria e no qual se dariam as relações com os EUA.

1.3.1 O enquadramento do Atlântico Sul na estratégia do *containment* norte-americana: implicações para os objetivos brasileiros de preponderância naval

As relações Brasil-EUA evoluiriam sob mudanças substanciais, tanto internas quanto externas. No Brasil, o Governo Dutra (1946-1950) imprimiria um tom de estreito alinhamento da política externa brasileira às orientações de Washington, com importantes repercussões para a segurança interna no país e para a formulação do pensamento brasileiro em relação ao Atlântico Sul, sobretudo, sob os auspícios da Escola Superior de Guerra (ESG), criada em 1949.

Em contraste com as divergências sobre a cooperação para o desenvolvimento, os aspectos militar e político apresentavam alto grau de sintonia. O próprio fato de que o Brasil se propôs a sediar a Conferência em que se aprovou o TIAR atesta a lealdade brasileira ao sistema interamericano, embora a motivação maior possa ser encontrada na posição comum anticomunista das autoridades. Nesse sentido, à assinatura do TIAR seguiriam atos conexos de grande alcance no mesmo ano: a ruptura de relações diplomáticas com a União das Repúblicas Socialistas Soviéticas (URSS) e a cassação do registro do Partido Comunista Brasileiro (CERVO e BUENO, 2002; SVARTMAN, 2011).

Em grande medida, tais atitudes fundamentavam-se na expectativa das autoridades brasileiras de que a "aliança especial" formada na Segunda Guerra Mundial se tornaria permanente e de que o peso político do Brasil no continente legitimaria suas pretensões de hegemonia sul-americana, além de poder dificultar o acesso argentino aos benefícios do auxílio militar dos EUA para o continente (MOURA, 1991). A JBUSMC assumia a função de canal de negociações sobre o estabelecimento de um programa de assistência e de transferência maciça de equipamentos e navios, cuja obtenção daria ao Brasil a tão desejada predominância continental e naval[15]. No entanto, o Departamento de Estado norte-americano dominaria este quadro, sendo inflexível, ao vetar o ambicioso plano de reforço militar brasileiro (SVARTMAN, 2011).

A expectativa de substancial assistência militar ao Brasil desvaneceria rapidamente. Entre 1945 e 1950, as transferências de equipamento para atualização e reforço da Armada Brasileira limitavam-se a peças de reposição e a navios de apoio. A pretendida elevação do *status* da força naval brasileira em relação aos seus pares argentino e chileno esbarraria no "princípio do equilíbrio", esposado pela política

---

14   Ambos subscreveriam os acordos bilaterais somente em 1964.
15   O plano previa a aquisição de 2 navios de guerra, 2 porta aviões leves, 15 destroyers, 9 submarinos, 6 bases navais, um arsenal, equipamento para 180.000 soldados e reservas para 26 divisões, além do auxílio na construção de estradas e vias férreas para a mobilidade militar (SVARTMAN, 2011).

norte-americana para aqueles atores chave no Cone Sul, e que se manteria na década de 1960 (VIDIGAL, 1985; ALVES, 2005; SVARTMAN, 2011).

Vidigal (1985) elucida a questão do equilíbrio naval a partir de uma perspectiva de primazia do poder norte-americano no continente e de uma política de imposição da visão norte-americana de segurança. Segundo este autor, a um ator hegemônico interessa impedir a eclosão de conflitos entre os países que ele lidera, pois tais contendas fragmentam o bloco e comprometem a liderança do *hegemon*. É exatamente este interesse que explica a política americana de impor aos países na órbita do TIAR e da OEA suas diretrizes. Como informa Vidigal (1985, p. 92-93),

> uma concepção político-estratégica que só admite como inimigo externo a URSS e os seus aliados, que dispõem, evidentemente, de um poder de tal nível que exigirá, de nossa parte, a rígida subordinação ao grupo continental sob a firme tutela dos Estados Unidos. É por isso que o armamento americano, fornecido sob a égide do TIAR ou se destina a operações de segurança interna ou se enquadra numa concepção de emprego fundamentalmente defensivo e vinculado às ideias de defesa coletiva, disseminadas através da Junta Interamericana de Defesa (JID), do Colégio Interamericano de Defesa (CID) e, principalmente, dos cursos de formação e adestramento militar realizados nos Estados Unidos para oficiais procedentes dos países-membros da comunidade americana.

Moura (1991) endossa essa visão, ao defender que o Departamento de Guerra americano concentrava em suas mãos o processo de decisão sobre o potencial militar que cada Estado no âmbito da OEA deveria manter. Todos os acordos celebrados pelos EUA com os demais atores estatais inseriam-se no contexto global de relações militares ou de interesse militar dos EUA. Na visão norte-americana, Davis (2011) informa que o Departamento de Estado empregava uma política deliberada de enfraquecimento das relações militares latino-americanas, em face do temor de que a transferência de armas poderia levar a uma possível corrida armamentista e a conflitos inter-regionais[16].

Embora o Brasil requeresse tratamento diferenciado em razão da suposta posição de "aliado preferencial", os pleitos brasileiros eram diluídos no conjunto da política militar dos EUA para a América Latina. Isso se tornaria evidente aos políticos e militares brasileiros envolvidos na questão da venda de cruzadores em 1950. Depois de resoluta insistência brasileira, o Congresso norte-americano dispôs ao país, a baixo custo, dois cruzadores leves da classe *Brooklyn*. A aparente vantagem naval brasileira logo seria perdida, pois, os EUA, em negociações paralelas, decidiram transferir navios do mesmo tipo, e em condições iguais de compra, às Marinhas do Chile e da Argentina (ALVES, 2005; SVARTMAN, 2008).

Diante desse quadro, convém avaliar o que o TIAR significava efetivamente

---

16 Pach Jr (1982) informa que o Secretário de Estado Dean Acheson instruía a todas as embaixadas dos EUA na América Latina de que os governos na região deveriam ser persuadidos da desnecessidade de compras adicionais de armas e que e a própria existência do TIAR bastava para assegurar os países no hemisfério.

para a segurança do Atlântico Sul e o lugar do Brasil nele. Tais considerações são fundamentais para se entender a posição brasileira nas décadas posteriores, quando da elevação de seu perfil político-econômico internacional e a consequente busca de um papel mais protagônico na área sul-atlântica.

Conforme observa Moura (1991), a documentação político-militar disponível à época permite fazer três afirmações sobre a natureza do TIAR: sua desimportância como instrumento de defesa hemisférica, sua relativa importância como política antissoviética e sua extrema importância como meio de consolidação da hegemonia estadunidense no sistema interamericano.

Embora o TIAR tenha criado formalmente um sistema de defesa coletivo que abrangia o Atlântico Sul, ele não explicitava os meios militares de sua operacionalização, nem propunha um comando militar unificado, nem estabelecia um órgão de planejamento logístico para garantir a coordenação das atividades[17]. Tampouco servia de base para se pensar a segurança do Atlântico Sul como um amplo espaço que incluía a África, pois o perímetro definido alcançava somente sua vertente ocidental (PENHA, 2011) (ver mapa 1).

MAPA 1- Limites do Atlântico Sul estabelecidos pelo Tratado Interamericano de Assistência Recíproca em 1947.

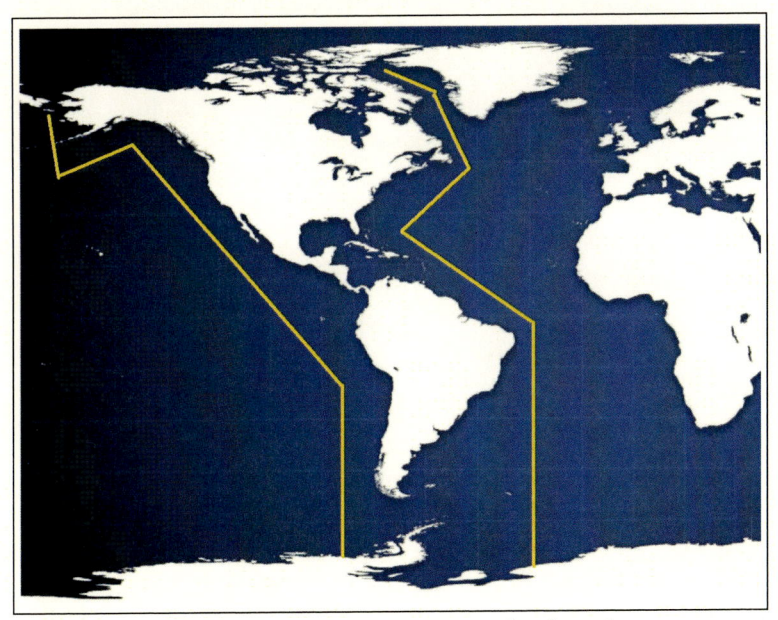

Fonte: Mapa elaborado pelo autor para fins ilustrativos.

---

17 A título de informação, o TIAR não era o único sistema de segurança vigente no Atlântico Sul. Havia também o Acordo de Simonstown (1955-1975), assinado entre a Grã-Bretanha e a África do Sul, responsável pela defesa da África Austral e que, por outro lado, possuía um comando unificado, o "South Atlantic Command", representado por uma autoridade britânica designada pela Royal Navy. Havia o compromisso de fornecimento de armas pela Grã-Bretanha (PENHA, 2011).

Nestas condições, conforme esclarece Coutau-Bérgarie (1985), o TIAR era inoperante desde sua criação, e servia mais como meio de os países latino-americanos obterem acesso a capitais e tecnologias militares dos EUA, efetuados bilateralmente.

Na perspectiva estratégica norte-americana, as funções do TIAR foram claramente estabelecidas no relatório produzido pelo Secretário de Defesa dos EUA ao Conselho de Segurança Nacional, em agosto de 1949. Segundo este documento, o TIAR deveria instrumentalizar "a segurança do hemisfério ocidental e **nosso (EUA) acesso aos recursos do hemisfério, que sejam essenciais a qualquer projeção transoceânica de um maior poder ofensivo dos Estados Unidos**" (grifo nosso). O anexo fixado a este relatório enumera 8 objetivos estratégicos dos EUA para a América Latina: **1) produção e fornecimento contínuos e crescentes de matérias-primas estratégicas essenciais; 2) manutenção da estabilidade política e segurança interna de cada nação, de modo a assegurar proteção às instalações das quais dependem a produção e o fornecimento de materiais estratégicos**; 3) cooperação mútua de toda as nações latino-americanas em apoio aos EUA; **4) proteção das linhas vitais de comunicação; 5) fornecimento, desenvolvimento, operação e proteção, por parte das nações latino-americanas daquelas bases que podem ser requeridas para uso dos Estados Unidos e para proteção das linhas de comunicação; 6) proteção coordenada das áreas nacionais das nações contra invasão e *raids*;** 7) proteção coordenada, pelas nações latino-americanas, daquelas forças armadas necessárias ao cumprimento do disposto acima; 8) fornecimento, pelas nações latino-americanas, de forças que excederem as necessidades do acima disposto, a fim de apoiar os Estados Unidos em outros teatros **(grifo nosso)** (MOURA, 1991, p. 75-77).

O teor deste relatório permite situar o Atlântico Sul numa posição secundária na estratégia de segurança global dos EUA, mantendo-o na função de "oceano de trânsito marítimo" para o comércio ocidental, sobretudo de petróleo oriundo do Oriente Médio. Os Estados abrangidos pelo TIAR destinavam-se essencialmente ao provimento de matérias-primas.

A inclusão dos países latino-americanos no dispositivo de segurança estadunidense não implicava uma valorização da região (PENHA, 2011). Segundo Rodrigues (apud PENHA, 2011, p. 80), os mecanismos de segurança do TIAR, incluindo os EUA e a América Latina, e o enquadramento da África na defesa Euro-Atlântica, capitaneada pela OTAN, contribuíam para a dissolução de uma possível valorização da bacia sul-atlântica, dividida de acordo com os interesses imperialistas e colonialistas das grandes potências europeias e dos EUA. O Atlântico Norte era a bacia mais importante na estratégia de defesa mundial ocidental; no Atlântico Sul, deveria haver compatibilidade africana com os interesses militares do ocidente, e no flanco sul-americano, a fidelidade latino-americana estava, pelo menos na visão dos estrategistas norte-americanos, assegurada pelo TIAR. Essa crença, segundo Penha (2011), revelar-se-ia equivocada quando da descolonização africana, que resultou num "vazio estratégico de poder" no continente, abrindo caminho para as investidas soviéticas na sua porção ocidental.

Em relação ao lugar do Brasil, até 1947 havia dúvidas sobre que função o país deveria assumir no Atlântico Sul. As próprias autoridades brasileiras não conseguiam divisá-la claramente. Naquelas circunstâncias, a estratégia naval brasileira parecia não se apoiar numa análise da situação concreta, mas simplesmente se esforçava para garantir certo *status quo* (VIDIGAL, 1985). Isso se evidenciaria quando o Estado-Maior Conjunto brasileiro solicitou à JBUSMC a elaboração de um estudo sobre o papel do Brasil na defesa aérea e costeira. A Comissão elaboraria um "conceito estratégico" para o Brasil, o que incluía a manutenção da segurança interna e da ordem, e adicionou a formação de forças expedicionárias para a defesa hemisférica, porém, como revela Davis (2002),

> *the JBUSMC plan caused a firestorm in Washington. The US Joint Chiefs of Staff reprimanded the US delegation, reiterating that Brazil's role was essentially a continuance of the World War II role of defending the Northeast. The advent of nuclear weapons and changing world views in Washington seemed to relegate Brazil to minor importance.*

Nesse sentido, a continuidade da missão brasileira no Atlântico Sul significava a subordinação da ação da Marinha Brasileira à estratégia naval norte-americana, fato este que explica o porquê de o poder naval brasileiro ter se concentrado quase que exclusivamente na guerra antissubmarina. Isso refletia a visão dos EUA sobre o papel da Esquadra Brasileira como força auxiliar contra submarinos russos no perímetro de defesa do Atlântico Sul, caso houvesse um confronto direto entre as duas superpotências (ALVES, 2005). Conforme afirma Vidigal (1985, p. 93), o conflito do bloco ocidental contra os Estados comunistas liderados pela URSS era a inspiração quase exclusiva do fortalecimento do poder naval brasileiro:

> Até o Governo Geisel, nossa concepção estratégica, em todos os níveis de expressão, ficou rigorosamente subordinada a essa visão política estadunidense, desestimulando, totalmente, qualquer pensamento original nesse terreno. O alinhamento automático com os Estados Unidos, embora houvesse alguns espasmos de inconformismo, caracterizou, nesse período, nossa visão estratégica. A Marinha, mais do que outros segmentos do poder militar brasileiro, sofreu profundamente essa situação.

Não se pode negligenciar o fato de que as autoridades brasileiras não assistiam, impassíveis, à intransigência norte-americana e procuravam reagir cautelosamente às posturas, amiúde arrogantes, das autoridades dos EUA. Ao fim do Governo Dutra, restava claro que o impulso requerido à hegemonia brasileira no Atlântico Sul já não poderia ser alcançado com o exclusivo apoio estadunidense. Persistia, no lado norte-americano, a crença errônea de que o Brasil aceitava passivamente a subserviência que lhe era imposta, sem que se atentasse para o fato de que os militares brasileiros passavam por um processo de "amadurecimento", indicando sinais de um resfriamento nas relações militares (DAVIS, 2002, 2011).

Na década de 1950 e início de 1960, alguns importantes desenvolvimentos no plano internacional e regional, e na conjuntura política brasileira, ensejariam nova etapa nas relações político-militares entre Brasil e EUA no tocante às questões sul-atlânticas. O retorno de Getúlio Vargas ao poder, em 1951, significou a retomada do ímpeto desenvolvimentista e a tentativa de imprimir renovada política de barganha com os EUA. Na esfera internacional, a eclosão da Guerra da Coreia, com a possibilidade de participação brasileria, mesclava-se com a assinatura de novo acordo militar com os EUA e a questão petrolífera.

Logo no início de 1951, o Brasil enfrentaria novo desafio a seus objetivos navais. Contrariando as expectativas brasileiras, os EUA empreenderiam movimento de aproximação com a Argentina de Perón. A crueza dos fatos - a forte oposição do Presidente Perón à política dos EUA, exteriorizada na proposição de uma "terceira posição"– dava lugar ao realismo geopolítico que informava os interesses estadunidenses. A posição geográfica da Argentina, no extremo cone sul, tornava-a importante na manutenção do tráfego oceânico, na hipótese de o Canal do Panamá se tornar inoperante (ALVES, 2005; DAVIS, 2011). Porém, o que despertou forte reação das autoridades militares brasileiras foram as propostas contidas no novo plano de defesa, dividindo o litoral do Atlântico Sul em zonas[18].

Em documento secreto ao Presidente Getúlio Vargas, o Chefe do Gabinete Militar, General Cyro Espirito Santo Cardoso, relata sua oposição ao plano, cujas diretrizes poriam o patrulhamento da costa brasileira no sul a cargo da Argentina. O General justificava então sua opinião: "me parece, não convém aceitar a proposta americana, pois, se for confiado à Argentina o patrulhamento da parte sul, ficará ai compreendido o Brasil, o que é inadmissível". O General propunha, pois, outro plano[19] e afirmava que "melhor seria cada país se defender e, se não puder fazê-lo suficientemente (caso do Uruguai), que acorde em separado com qualquer outro o *modus vivendi* que lhe satisfaça"[20]. Embora registada pelos planejadores americanos, a posição brasileira seria ignorada. É interessante notar que o plano proposto pelos norte-americanos seguia-se à desativação da IV Esquadra Americana em 1950, um claro indicativo de que a dita ameaça soviética era mais fruto da retórica do que um elemento factual.

Nesse contexto, a eclosão da Guerra da Coreia exacerbaria ainda mais a torrente de movimentos revolucionários de inspiração comunista e levaria os EUA a reforçaros laços de solidariedade defensiva com o hemisfério americano, por meio de acordos bilaterais. Foi nesse contexto em que se entabularam negociações para o estabelecimento do Acordo Militar de 1952. Não cabe no escopo deste trabalho uma

---

18 O plano dividia o litoral atlântico em Sub-região Atlântico Sul: Parte Norte – regiões norte-nordeste e leste do Brasil, e Parte Sul – regiões sul do Brasil, Uruguai e Argentina; e Sub-região Central: Bolívia, Paraguai e região Oeste do Brasil.
19 O General propunha outra divisão em 4 sub-regiões: Sub-região Norte (litoral da Venezuela e Guianas), Sub-região Centro (litoral do Brasil e Uruguai), Sub-região Centro-Oeste (Bolívia e Paraguai) e Sub-região Sul (litoral Argentino).
20 Carta do chefe do Gabinete Militar ao Presidente Getúlio Vargas, datada de 27 de abril de 1951. Arquivo Getúlio Vargas. Documento secreto, desclassificado.

profunda análise da polêmica suscitada pela assinatura deste documento, derivada do embate "nacionalistas *versus* entreguistas". Assim, focar-se-á nos pontos essenciais do acordo e suas implicações para a projeção naval do Brasil.

1.3.2 O Acordo Militar de 1952

Naquela conjuntura, os desígnios de Washington consistiam no aprofundamento da coesão política e militar dos Estados latino-americanos. A negociação do Acordo envolvia o suprimento de minerais estratégicos (manganês, urânio e areia monazítica) para as indústrias de armamentos dos EUA e o envio de tropas brasilerias à Coreia. O Governo Vargas atrelava as tratativas ao desenvolvimento da indústria nacional e ao fornecimento de armamentos às Forças Armadas brasileiras. As tensas negociações sobre minerais estratégicos com os EUA, que incorporava elementos de resistência à causa nacionalista brasileira de avançar o próprio projeto de capacitação nuclear, mesclando-se mesmo com iniciativas de monopolização do petróleo brasileiro, formavam o quadro informativo que culmina com a decisão de Vargas de não enviar tropas à Coreia. Contribuía para isso a resistência norte-americana de apoio ao incremento do poder nacional. Conforme ressalta Moniz Bandeira (1978, p. 328)

> o Governo de Vargas, como contrapartida, desejava armamentos para a Marinha, Exército e Aeronáutica, em bases semelhantes às aplicadas aos países signatários do Pacto do Atlântico Norte. Queria que os Estados Unidos adotassem, para o fornecimento de armas, o princípio da *proporcionalidade às tarefas de defesa comum* e não o da paridade, que até então seguiam.

A articulação da cooperação político-militar com a econômica era percebida como uma estratégia promissora pelo Governo (MONIZ BANDEIRA, 1978, 1989; HIRST, 2006). Em termos militares, pleiteiava-se dos EUA tratamento semelhante àquele aplicado aos membros da OTAN, adotando-se o "princípio da proporcionalidade às tarefas de defesa comum" e não o do "equilíbrio", parâmetro até então seguido pelos norte-americanos[21].

Após arrastadas negociações, que de fato refletiam a própria polarização nas Forças Armadas brasileiras, os esforços de Vargas em vincular o acordo ao fornecimento de material bélico resultaram infrutíferos e o Acordo foi firmado em 1952, embora o não envio de tropas brasileiras à Coreia tenha sido considerado um resultado positivo. Washington lograra garantir o fornecimento de matérias primas estratégicas, sem que houvesse para o Brasil a tão aguardada contrapartida. Em que pese essa frustração, o Brasil passou a fazer jus à assistência que os EUA distribuíam por intermédio do *Mutual Security Act* de 1951, o qual autorizava

---

21 Tentativas neste sentido já haviam sido efetuadas pelo Chanceler João Neves da Fontoura na IV Conferência de Chanceleres Americanos em 1951. O representante brasileiro solicitava auxílio militar diferenciado em relação aos seus pares latino-americanos, dada a linha de conduta semi-neutralista adotadas por eles em face do conflito coreano (ALVES, 2005).

a concessão de ajuda militar e a venda de armas à América Latina por meio do *Military Assistance Plan* (MAP) (ALVES, 2005; DAVIS, 2011).

No que se refere ao poder naval brasileiro, nada se alterou com o Acordo Militar. Até o início de 1960, os EUA transferiram material obsoleto da Segunda Guerra para a defesa contra agressões externas, a preços simbólicos. Há, nesse aspecto, um ponto importante a ser assinalado no que tange as limitações que o Acordo Militar impunha ao Brasil, as quais procuraram ser contornadas pela Marinha.

Segundo Vidigal (1985, p. 97-98), os primeiros navios recebidos foram entregues por cessão, porém a Marinha decidiu converter a transferência em compra para assegurar o emprego das embarcações segundo os interesses brasileiros, pois a cessão implicava um conjunto de restrições ao seu uso. Isso se tornaria claro, posteriormente, no incidente conhecido como a "Guerra da Lagosta" com a França, em 1963[22], durante o governo João Goulart. Os EUA ficariam em posição delicada ao favorecer indiretamente a França na questão, pois solicitaram ao Brasil o não uso dos contratorpedeiros da classe *Pará*, em razão de o Termo de Arrendamento que os transferiu à Marinha Brasileira não permitir o uso do navio contra países aliados dos Estados Unidos (BRAGA, 2004, p. 160).

Como informa Davis (2011), com algumas importantes exceções, os brasileiros sempre solicitaram maior quantidade e qualidade de equipamento militar ao menor custo possível, ao passo que os norte-americanos sempre forneceram o suficiente do material requisitado, para manter seu domínio. Isso gerava tensões e desconfianças, mas não punha em risco absoluto de dissolução as relações militares.

O efeito mais direto da resistência e das dificuldades criadas pelos norte-americanos seria a decidida vontade brasileira de diversificar seus fornecedores de material bélico e o empenho brasileiro de dar continuidade ao desenvolvimento de uma indústria de armamentos nacional que ensejasse certa segurança e grau de autonomia no provimento de equipamentos às Forças Armadas. Ainda mais importante, o Brasil passaria a tratar as relações militares com os EUA mais pragmaticamente (VIDIGAL, 1985; DAVIS, 2011). Resulta desta percepção a instituição de um fundo naval permanente em 1952, como meio que possibilitasse a renovação da Esquadra nacional, pela compra de materiais de outros fornecedores, mais atualizados e condizentes com os interesses militares[23] (ALVES, 2005).

O Brasil passaria a buscar fornecedores alternativos na Europa. As encomendas feitas neste continente sinalizaram um relativo afastamento dos Estados Unidos, e, sobretudo, acesso a equipamento e embarcações modernas e sofisticadas,

---

22 O conflito refere-se ao apresamento de barcos lagosteiros franceses, atuando irregularmente, por navios de guerra brasileiros no litoral nordestino, gerando uma crise diplomática sem precedentes nas relações entre os dois países. A crise atinge seu ápice com a mobilização de belonaves de guerra de ambos os lados, mas sem chegar a confronto bélico. O que estava em jogo, e que inquietava sobremaneira as autoridades brasileiras, era a salvaguarda da soberania sob ameaça militar estrangeira.

23 A aprovação desse fundo naval pelo Congresso brasileiro já havia sido solicitado pelo Ministério da Marinha em 1951, diante da urgência de diversificar fornecedores, levantada pelo ministro Sílvio de Noronha em relatório produzido naquele ano.

apesar de isto não significar um distanciamento do conceito estratégico em curso, "rigorosamente enquadrado na linha de pensamento estratégico norte-americano" (VIDIGAL, 1985). A venda de navios era tratada de forma puramente comercial pela Europa, o que convinha largamente aos objetivos brasileiros. Nas palavras do Almirante Mário César Flores (apud VIDIGAL, 1985, p. 101):

> A tendência para o mercado europeu deveu-se não só às facilidades financeiras nele oferecidas, mas também à decisão brasileira de obter meios modernos, fugindo, assim, dos padrões da assistência militar americana, que restringia a Marinha aos limites operativos compatíveis com os navios já um tanto antiquados, que nos eram oferecidos. Ela reflete, de outra forma, o desejo de uma corrente de opinião naval que, na controvérsia em torno do Acordo de Assistência Militar, atribuía-lhe uma conotação prejudicial a longo prazo, por vincular o poder naval brasileiro a um programa cuja manifestação mais concreta era a transferência de navios que o mantinham afastado da tecnologia naval moderna.

Nesse sentido, o Brasil adquiriu da Inglaterra, em 1957, o porta-aviões *HMS Vingeance*, modernizado na Holanda até 1960 e rebatizado no Brasil como Minas Gerais. Este importante acréscimo, contudo, destinava-se exclusivamente à guerra submarina, o que refletia ainda a subordinação da Marinha brasileira à doutrina de guerra norte-americana no patrulhamento do Atlântico Sul (VIDIGAL, 1985; SVARTMAN, 2011).

Embora o Acordo de 1952, em termos de aquisição de embarcações, passasse a produzir efeitos concretos somente em 1959 quando da entrega de destroyers norte-americanos, ele também serviu de fundamento para a instalação de uma base de rastreamento de mísseis na Ilha de Fernando de Noronha em 1956, durante o Governo Juscelino Kubitschek (1956-1961). Iniciadas ainda com Getúlio Vargas, mas interrompidas pela instabilidade política do cenário doméstico, encontrou-se momento mais favorável na administração JK, embora não tenha sido isenta de críticas (MONIZ BANDEIRA, 1989; DAVIS, 2011).

Em 1957, o presidente Kubitschek permitiu que os norte-americanos instalassem a base, cujo principal argumento, segundo os termos do TIAR e do Acordo Militar, era fortalecer a defesa conjunta do hemisfério e do território nacional. Embora o acordo tenha tido como contrapartida o fornecimento de equipamentos militares[24], houve ampla reação dos nacionalistas. Os militares brasileiros resistiram à concessão e solicitaram a presença de oficiais brasileiros em todos os setores da base, para o seu completo conhecimento, que, depois de alguma relutância norte-americana, foi permitida (MONIZ BANDEIRA, 1978, 1989; VIZENTINI, 2011). Toda a controvérisa em torno da base, conjugada

---

24 Moniz Bandeira (1978) informa que o Brasil recebeu pela concessão aproximadamente 100 milhões de dólares em armamentos, na sua maioria, obsoletos. A ajuda militar americana mantinha a prática consistente de suprir equipamentos da OTAN já usados, cujo valor comercial era ínfimo. A lista de armamentos foi apresentada pelo próprio governo brasileiro, levando em conta as necessidades internas de repressão e segurança.

com o acúmulo de insatifação e desconfiança dos militares brasileiros que questionavam a aliança com os EUA, fez que as relações militares entre os dois países chegassem ao nível mais baixo ao final da década de 1950.

A determinação dos governos Vargas e JK de demandar assertivamente condições mais favoráveis de atendimento às solicitações brasileiras é consentânea com a fase em que se busca uma atuação mais autônoma no plano internacional, em razão das necessidades suscitadas pela vontade dos Estadistas de dar continuidade ao desenvolvimento do Brasil. Era de se esperar inevitáveis fricções com o grande parceiro do norte, na medida em que o crescimento brasileiro poderia transformá-lo em competidor de peso na área de influência imediata norte-americana. Nesse sentido, entende-se que ambos os países tendiam a olhar a segurança de pontos de vista diferentes: os EUA focando o combate ao comunismo; o Brasil, o desenvolvimento econômico como meio de impedir a existência de um ambiente propício à ideologia comunista.

A premência das necessidades brasileiras não se faria esperar e já na administração JK lançava-se a Operação Pan-Americana (OPA) em 1958, iniciativa diplomática portadora do ideário da luta hemisférica contra o subdesenvolvimento, mas que, na essência, referia-se ao desenvolvimento como condição da estabilidade sistêmica. A razão de ser da OPA mostraria seu valor com a Revolução Cubana em 1959, para a qual o governo Kennedy responderia tardiamente com a "Aliança para o Progresso". A proposta de JK respaldava-se na percepção do crescimento do sentimento antiamericano nos países latino-americanos e no insatisfatório apoio econômico norte-americano (CERVO e BUENO, 2002). A ideia força de uma relação causal entre desenvolvimento econômico e estabilidade do sistema internacional seria apropriada pela Política Externa Independente (PEI), idealizada pelo Chanceler Santiago Dantas no efêmero Governo Jânio Quadros (1961), e levada adiante no conturbado Governo João Goulart (1961-1964).

Tanto com JK quanto na PEI, os EUA eram vistos como um dos muito parceiros possíveis e não se pretendia a exclusão do tradicional alinhamento. Em especial na PEI, o movimento de "mundialização" das relações internacionais brasileiras pautava-se pela bissegmentação do mundo no eixo Norte-Sul, desconsiderando o axioma do confronto Leste-Oeste, e pela defesa dos princípios da autodeterminação dos povos e da não intervenção. Importa ressaltar essas características, pois, excetuando-se o governo do Marechal Castelo Branco, os demais dirigentes militares recuperariam essa tendência e imprimiriam um tom de assertiva autonomia nas relações com os EUA.

Apesar das fricções políticas com os EUA e da crescente insatisfação dos militares em face do relativo descaso norte-americano com as condições materiais de defesa e segurança do país, havia espaço para o entendimento entre as instituições militares.

1.3.3 A Operação Unitas: o espaço da "cordialidade" e da "distensão"

Nem toda a relação entre os dois Estados foi permeada exclusivamente por desconfianças e descontentamento. Como informa Davis (2011), o Acordo Militar de 1952, por mais assimétrico que fosse, "salvou a fraternidade das armas". A ausência de um comando militar unificado e de organização logística não impediu que as Marinhas dos países sul-americanos e dos EUA realizassem treinamento conjunto. Iniciadas bilateralmente em finais de 1950 e ganhando dimensão coletiva a partir de 1961, as operações navais conjuntas tinham seu foco voltado para a guerra antissubmarina contra o "inimigo comum", porém, por insistência brasileira, elas tiveram seu escopo operacional ampliado para cobrir outros aspectos da guerra no mar (VIDIGAL, 1985; Comando Sul dos EUA, 2009). A própria Argentina, há tempos recalcitrante e isolada, passou a demonstrar entusiasmo pelas operações depois da derubada do presidente Perón por militares em 1955.

O interesse mútuo em proteger o tráfego marítimo contra possíveis investidas soviéticas criou um ambiente favorável à cooperação. Já em 1956, a Argentina havia proposto a cooperação naval no Atlântico Sul, como fundamento de um futuro sistema integrado de defesa, em conferência naval convocada no mesmo ano, porém esta proposta foi declinada pela diplomacia brasileira, que não aceitava nenhuma aliança militar fora dos quadros do TIAR[25]. Não obstante, houve disposição brasileira em participar de manobras navais, as operações Atlantis I (1957) e II (1958), que foram posteriormente abandonadas (PENHA, 2011).

Os EUA inicialmente não simpatizavam com a ideia argentina, não somente pelo fato de que este sistema incluiria somente a Argentina, o Brasil, o Uruguai e o Paraguai, mas pelas possibilidades de esse sistema permitir certa autonomia operacional e um afastamento da hegemonia dos EUA, que, naquela época, já programava uma série de exercícios bilaterais antissubmarino com as marinhas sul-americanas (Comando Sul dos EUA, 2009).

Essa oposição americana pode ser explicada também à luz da existência de um conceito estratégico, que de forma inédita, fusionaria as Américas e a Europa numa "parceria atlântica", derivada da estratégia do *Atlantic Triangle*". Em termos de segurança, haveria a unificação da OTAN com o TIAR. Concebida pelo então Secretário de Estado John Foster Julles, em 1955, para ligar a Europa, a América do Norte e a América Latina em um sistema de segurança único, a estratégia apoiava-se em amplos fundamentos comuns com base em legados históricos, religiosos, políticos, econômicos, militares e culturais (LESSA, 1982). Assim, Reidy (apud LESSA, 1982, p.75):

---

25   Penna Filho (2003) informa que chegou a haver desentendimento entre a Marinha de Guerra brasileira e o Itamaraty, os quais estabeleceram, desde então, posições contrárias às iniciativas relacionadas à defesa do Atlântico Sul.

> *The Atlantic Triangle concept is advanced not with the utopian hope of creating an Atlantic political structure here and now, but rather in the belief that the existing mutuality of interests which links the three corners of the triangle offers a firm base for constructing a more closely integrated Atlantic community of the West.*

Embora alguns líderes latino-americanos expressassem a necessidade de uma associação mais ampla com a comunidade do Atlântico Norte, a proposta jamais foi materializada, aparentemente, pela falta de interesse dos países latino americanos em militarizar o sistema inter-americano (LESSA, 1982).

Em 1959, a reação dos EUA, diante do insucesso da proposta, se daria no sentido de trazer as manobras já realizadas pela Argentina para o âmbito do TIAR, ao promover a aprovação de um plano de proteção do tráfego marítimo denominado "Coordenação Marítima do Atlântico Sul" (CAMAS), dividido em quatro comandos operacionais instalados naqueles quatro países. O esquema seria aperfeiçoado por meio de "conferências navais" reunidas anualmente. Essa foi, pois, a gênese da *United International Anti-Submarine Warfare Agreement*, a UNITAS[26] (PENHA, 2011).

Tais manobras navais tiveram duplo mérito: estabeleceram uma tradição de adestramento conjunto que, com algumas interrupções circunstanciais[27], persiste até os dias atuais, e ensejaram a manutenção de uma "cordialidade" entre os militares, sobretudo, a atenuação de tensões entre Brasil e Argentina. O Almirante Renato Guillobel (1959), Ministro da Marinha durante o Governo Vargas, expunha essa dimensão, ao destacar que

> a muitos poderá parecer estranho que a Marinha não haja insistido na criação de bases navais no litoral Sul do país (...). A razão precípua dessa decisão parece residir no afastamento, que acreditamos definitivo, de qualquer possibilidade de conflito armado com os nossos vizinhos do sul, a quem nos ligam, além de laços de fraternal amizade (dessa amizade que comporta, de quando em vez, pequenas divergências e amuos sem maiores consequências) interesses comuns na defesa das rotas do Atlântico Sul, nessa imensa bacia estratégica que assumirá um caráter de suma gravidade no caso de um futuro conflito mundial (...). A área do Atlântico Sul é tão vital para os nossos vizinhos como para nós: eles não a poderão defender sem o nosso imperativo auxílio e integral cooperação e isto constitui mais um motivo para reforçar a nossa união.

O lado menos louvável das operações foi demonstrar o quão obsoletas as Marinhas de Brasil e Argentina se encontravam, para operar tecnologias e táticas de guerra antissubmarino (WALDMANN JÚNIOR, 2012). Essa defasagem, que atingia

---

26 Com a Crise de Suez (1956-57), no Egito, fechou-se uma das principais rotas de transporte de petróleo do Ocidente, além de elevar o patrulhamento naval soviético no Atlântico Sul pela Rota do Cabo, no interesse de aproximação com colônias africanas recém-independentes. A preocupação norte-americana com a presença da URSS foi provavelmente a razão maior que fez que os EUA propusessem o CAMAS.

27 Estas interrupções circunstanciais referem-se à Crise dos Mísseis de Cuba, em 1962, e à Guerra das Malvinas, em 1982.

as demais forças navais do continente, criava certa dificuldade para operacionalizar as manobras. Assim, a "virtude" destas operações não fugia à crítica sobre o desinteresse dos EUA em aparelhar as Marinhas regionais adequadamente, o que levava a desconfianças sobre um interesse deliberado norte-americano em manter os demais Estados em nível militar permanentemente secundário. Como afirma Coutau-Bérgarie (1985, p. 121), as manobras UNITAS tiveram caráter meramente simbólico, eram apenas uma demonstração de força do poder naval dos EUA, sem corresponder com a realidade da capacidade naval de seus pares na região.

As décadas de 1960 e 1970 seriam importantes não somente pelo Brasil buscar uma atuação mais autônoma no sistema internacional, mas seriam também um marco para o desenvolvimento de formulações geopolíticas propriamente brasileiras que incorporariam definitivamente a dimensão sul-atlântica e forjariam a ideia do Atlântico Sul como "fronteira oriental" brasileira, um construto útil não somente para a política externa que o Brasil desenvolveria em relação à África, mas também para a estratégia de territorialização do mar e de afirmação da soberania brasileira.

1.4 Conclusões

Este primeiro capítulo permitiu observar que até o ocaso do governo João Goulart, em abril de 1964, o Atlântico Sul manteve uma posição relativamente marginal no conjunto das intrincadas relações entre EUA e URSS. As informações analisadas até agora ensejam algumas explicações pertinentes. Num primeiro momento, essa posição secundária e reduzido grau de militarização no teatro da Guerra Fria se explica pelo baixo nível de ameaça direta que o "inimigo soviético" oferecia ao Atlântico Sul, sendo neste sentido o risco de perturbação da estabilidade regional mais ideológico do que material.

Um segundo ponto é que essa condição periférica era preservada pela situação política em ambas as margens desse Oceano: do lado sul-americano, o poderio norte-americano era o garante da estabilidade, sendo o TIAR o expediente militar que logrou agregar os Estados em torno do objetivo comum de promover a segurança hemisférica; na margem africana ocidental, o jugo colonial europeu marcava sua presença e mantinha uma ocupação efetiva, pelo menos até finais da década de 1950, quando o processo de descolonização é irreversivelmente desencadeado. A presença das potências europeias no continente africano significava, no limite, a própria presença da OTAN, muito mais relevante e crível como sistema de segurança do que o TIAR.

Esses fatos apontam para uma condição segura, sendo a região sul-atlântica, de fato, uma área estável para o trânsito marítimo e constituindo-se numa alternativa de rota pronta para ser ativada, uma espécie de "trunfo logístico", quando canais de comunicação marítima mais vulneráveis, a exemplo dos Canais do Panamá e de Suez, sofressem algum tipo de instabilidade. A própria desativação da IV Esquadra, em 1950, corrobora o baixo teor estratégico do Atlântico Sul na perspectiva norte-americana de segurança global dos mares.

Entre o final da Era Vargas (1930-1945) e o ocaso do Governo João Goulart (início de abril de 1964), as relações de segurança Brasil-EUA transitaram do estreito alinhamento, seguidas da expectativa de um "relacionamento privilegiado", para uma flagrante "frustração". Acrescem-se a isso as profundas divergências sobre o entendimento do conceito de segurança, que, na visão norte-americana, estava desviculado do desenvolvimento, ao passo que para o Estado brasileiro, segurança e desenvolvimento eram um par indissociável.A preeminência dos interesses dos EUA, traduzida nas constantes recusas de prover o Brasil de meios eficazes de defesa, gerou um "efeito reação" nas autoridades brasileiras, desencadeando um processo de gradual deterioração das relações militares.

Em relação ao Brasil, o Atlântico Sul ainda era um espaço à espera de uma definição estratégica própria, tanto política quanto militar, o que explica porque o Brasil seguiu incondicionalmente a estratégia traçada pelos EUA para a segurança do Atlântico Sul. A ausência de um pensamento genuinamente brasileiro para o Atlântico Sul foi também um condicionante estrutural do tipo de equipamento que os EUA estavam dispostos a fornecer ao país.

Brasil e EUA convergem sobre a necessidade de proteger o Atlântico Sul de possíveis investidas soviéticas, mas há notável divergência sobre o potencial militar que o Brasil deveria possuir para exercer o papel que lhe cabia. Os objetivos brasileiros de hegemonia naval no Atlântico Sul,fortemente inspirados pela rivalidade com a Argentina, foram sistematicamente bloqueados pelos EUA, por meio de uma política deliberada de equilíbrio de forças entre Marinhas no Atlântico Sul. Tal política era realizada pela venda da mesma quantidade de navios e equipamentos obsoletos a Brasil, Argentina e Chile.

Como se verá no próximo capítulo, A ascensão dos militares ao poder trará mudanças substanciais nas relações com os EUA, na concepção de segurança e na percepção do Atlântico Sul como espaço a ser valorizado e trabalhado para a projeção dos interesses brasileiros. As autoridades militares brasileiras procurarão superar a dependência estrutural e desenvolverão concepções estratégico-políticas para o Atlântico Sul, distando das orientações de Washington. Em termos estratégico-militares, a perspectiva de exploração potencial dos recursos marítimos estimulará as autoridades estatais a formular uma política marítima própria, integrada ao desenvolvimento do país.

2 O BRASIL POTÊNCIA EMERGENTE: afirmando os interesses brasileiros no Atlântico Sul

Este capítulo se propõe a abordar as principais questões relativas à segurança do Atlântico Sul nos governos militares, abrangendo também o período do Governo José Sarney, em que se identifica importante ponto analítico, com o estabelecimento de uma zona de paz e cooperação no Atlântico Sul. Não se pretende analisar os governos militares individualmente, senão como um *continuum* de eventos referentes ao Atlântico Sul.

2.1 A incorporação da dimensão atlântica nas concepções geopolíticas brasileiras: a Escola Superior de Guerra e o pensamento do General Golbery

É mister fazer uma sucinta explanação sobre o significado do conceito de geopolítica, para que se compreenda sua dimensão e aplicação no Brasil. Shiguenoli Myiamoto (1981, p. 76) destaca que a geopolítica, como campo de estudos, preocupa-se com a aplicação de fatores geográficos na formulação de uma política que visa precipuamente fins estratégicos. Nesta perspectiva, ela é considerada por muitos com uma "teoria do poder" que almeja a preparação para a guerra, sendo assim essencialmente dinâmica. Não há dúvidas de que este estudo é vital para o entendimento da política doméstica, sobretudo nos Estados que, em determinada etapa de desenvolvimento, aspiram a alcançar o nível de potência. Este foi o quadro apresentado pelo Brasil no pós-1964, em que a geopolítica amparou (e, por vezes, foi priorizada) a elaboração da política de poder nacional e das relações internacionais.

A formulação de concepções estratégicas e geopolíticas enfocando o Atlântico Sul decorreu de dois acontecimentos que se conjugaram para o estabelecimento de um pensamento brasileiro sobre o assunto: a instituição do TIAR, em 1947, e a criação da Escola Superior de Guerra (ESG), em 1949. A primeira serviu como acicate para a valorização da "maritimidade" no pensamento dos geopolíticos brasileiros; a segunda notabilizou-se como lugar das principais reflexões estratégicas sobre segurança, com vistas a direcioná-las para um objetivo único em torno do binômio segurança e desenvolvimento (DECUADRA, 1991; PENHA, 2011).

No ambiente criado pela Guerra Fria, a ESG desempenhou papel central na formulação de uma Doutrina de Segurança Nacional (DSN). De fato, é mais adequado falar de uma "reformulação", pois a doutrina emanada do *National War*

College dos EUA[28], inicialmente assimilada pela ESG, foi, nos anos de 1950, readequada ao projeto político-econômico pretendido para o Brasil pelo grupo militar que posteriormente ascenderia ao poder, convertendo-se "no laboratório de ideias do seio militar" (MYIAMOTO, 1981).

Nesse sentido, é importante notar que a noção brasileira de segurança interna e externa já estava vinculada aos imperativos do desenvolvimento econômico. A segurança não se vinculava exclusivamente ao aspecto militar, normalmente associado ao termo, mas ampliava-se para incluir a noção de que o baixo grau de desenvolvimento de um país gerava instabilidades sociais, criando condições para o florescimento de ideologias estranhas (comunismo). O desenvolvimento do potencial de crescimento econômico brasileiro estava condicionado à ideia geral de segurança que, por sua vez, também incluía a repressão ao "inimigo interno", ou seja, qualquer manifestação de objeção ao projeto capitalista traçado pelos militares ao país.

As formulações da ESG anteciparam elementos que seriam inscritos posteriormente na Doutrina McNamara (1967), postulação norte-americana também denominada de Doutrina de Segurança Nacional e Desenvolvimento (COMBLIN, 1978). A DSN elaborou suas bases doutrinárias com o desígnio de resguardar e realizar os objetivos nacionais permanentes e atuais. Os objetivos permanentes definiam-se como a tradução dos interesses e aspirações do grupo nacional, tendo em vista a sua própria sobrevivência como grupo, isto é, assegurada as três condições básicas de autodeterminação, integração crescente e prosperidade, dentro do quadro especial imposto pela tradição histórica, seja requerido por condições julgadas essenciais àquela mesma sobrevivência; os segundos seriam de natureza nitidamente estratégica, que resultam da reação da conjuntura e representam a cristalização dos interesses nacionais em dado momento (COMBLIN, 1978).

Fruto das reflexões estratégicas urdidas na ESG ao longo da década de 1950, estes objetivos permanentes e atuais seriam alcançados por meio do fortalecimento do Poder Nacional, composto de quatro outros poderes: político, militar, econômico e psicossocial. A ESG formulou para tal uma "Grande Estratégia" ou "Conceito Estratégico Nacional", cabendo ao pensamento geopolítico prover os fundamentos necessários para este fim. Nesse sentido, a DSN marcaria profundamente toda a produção geopolítica da época (MYIAMOTO, 1981; DECUADRA, 1991).

Nesse contexto, desponta um dos mais destacados próceres do estamento militar, o General Golbery do Couto e Silva, na medida em que suas postulações se tornaram propriamente doutrinas no seio na ESG. Em sua obra seminal *Geopolítica do Brasil* (1967), Golbery expressava uma preocupação ainda voltada a questões "continentalistas", de ocupação efetiva dos anecúmenos[29], mas não deixou de

---

28 Fundado em 1946, o *National War College* teve como objetivo a criação de uma doutrina própria para estudar e aperfeiçoar a política externa norte-americana no contexto da Guerra Fria, principalmente por meio da perspectiva da segurança coletiva.

29 O termo refere-se aos espaços territoriais ainda sem ocupação humana naquele momento.

considerar o Atlântico Sul, embora o classificasse com um "golfão excêntrico". Dois conceitos elaborados no âmbito da ESG foram fundamentais para suas formulações sobre o Atlântico Sul: o de "inimigo interno" e o de "fronteiras ideológicas". O primeiro, entendido como o comunismo, é um elemento fluido e indefinido, podendo localizar-se em outros Estados e é, portanto, pernicioso e uma constante ameaça à estabilidade da segurança nacional, que dependeria tanto da segurança interna quanto da externa, já que "a Segurança Externa é (...) um problema que afeta a própria sobrevivência do Estado" (ESG, 1976, P. 461). A política externa brasileira justificava-se a partir desta concepção. O segundo conceito está intrinsicamente ligado ao primeiro: diante da expansão da ameaça comunista para o "mundo livre", as fronteiras geográficas e estatais diluíam-se, na medida em que se tornavam facilmente permeáveis ao ideário comunista, pondo em risco a soberania nacional (COMBLIN, 1978).

Por seu turno, estas concepções vinculavam-se aos conceitos geopolíticos de "espaço" e "posição", a partir dos quais Golbery enquadrou o Atlântico Sul e definiu o papel brasileiro na região. Sedimentando a estratégia, a proposta amparava-se no pressuposto do conflito ideológico global, inevitável e perene, entre o comunismo materialista do bloco soviético e o Ocidente livre e cristão. Esta contenda manifestava-se em termos de uma "guerra total, generalizada e permanente" à qual nenhum país poderia furtar-se. Seu enfrentamento dar-se-ia por meio de uma "estratégia total" (SILVA, 1967).

Golbery reafirmava o enquadramento do Atlântico Sul no contexto de uma aliança privilegiada com os EUA, porém havia ênfase na dimensão projetada da área a ser protegida e, sobretudo, no papel que caberia ao Brasil, pois o país era considerado um "aliado preferencial" dos EUA. Nessa condição, a relação entre os dois países baseava-se em vínculos históricos e políticos "complementares", não havendo contradições neste relacionamento. O "destino manifesto" brasileiro, sua projeção à área sul-americana, não colidia com os interesses vitais dos EUA na região caribenha. Ainda mais importante é que ao Brasil caberiam responsabilidades "monopolísticas" e "excludentes" na região sul-atlântica, porquanto "se a geografia atribuiu ao litoral brasileiro (...) um quase monopólio do Atlântico Sul, esse monopólio deve ser exercido por nós, mas estamos dispostos a utilizá-lo sem tergiversações em benefício de nossos irmãos do Norte" (GOLBERY, 1967, p. 53)

Nesta reivindicação de claros tons nacionalistas, transparece o tão reclamado reconhecimento da "real estatura estratégica" brasileira na região. Nas palavras do próprio General (1967, p. 98)

> (...) o Brasil parece estar em condições superiores, pela sua economia não competitiva com a economia dos Estados Unidos, por sua longa e comprovada posição de amizade e, sobretudo, pelos recursos decisivos de que dispõe, para uma "barganha leal" (...) uma aliança que, de outro lado, traduza o reconhecimento da real estatura do Brasil no Atlântico Sul, pondo fim a qualquer política bifrontal e acomodatícia com relação ao nosso país e à Argentina.

Importante perceber que Golbery não admitia uma relação de pura subordinação aos EUA, embora autores como Schilling (1981) critique esta colocação, ao afirmar que o país era um "satélite privilegiado". Na articulação da "aliança privilegiada", entendia-se que o Brasil tinha direitos de soberania sobre o seu território, que não deveria ser cedido, em nenhuma hipótese, "por um prato de lentilhas" (SILVA, 1967, p. 52).

No que tange à questão geográfica, o perímetro de defesa definido pelo TIAR foi ampliado para incluir a África atlântica. A proposta de Golbery foi estruturada na "tese dos hemiciclos", um interior e outro exterior, que explicitava o raio da ameaça comunista (ver mapa 2). O hemiciclo interior abrangia as terras num raio de 10.000 km, com centro partir da costa sul-americana no Pacífico, incluídas aí as Américas do Sul e do Norte, a costa atlântica da África e a Antártica, não havendo nessa área ameaça direta à América do Sul. O hemiciclo exterior compreendia a Europa, grande parte da África, a Índia, a Austrália e a região dominada por Japão e China, configurando uma área de 15.000 km. Dentro deste segundo raio, "ameaças perigosas podem surgir a qualquer momento contra o mundo sul-americano" (SILVA, 1967, p. 82).

Golbery (1967, p. 87), porém, não desconsiderava completamente a possibilidade de o Atlântico Sul sofrer um ataque soviético futuro, de certa forma flexibilizando sua interpretação sobre a América do Sul não estar vulnerável à ameaça direta soviética. Segundo o autor, as massas de terra da América do Sul, da África e da Antártica comporiam três áreas articuladas pelo Atlântico Sul, onde os esforços de contenção deveriam ser intensificados, mormente na África "de onde um inimigo ativo nos poderá diretamente ofender, dominando-nos as comunicações vitais do Atlântico centro-meridional" (SILVA, 1967, p.87). O mais importante é que o "continente negro" era visto como a própria continuação da fronteira brasileira, a "fronteira oriental", uma área de extrema importância para a segurança do hemiciclo interior, a "fachada arqueada da África", onde se deveria evitar "o seu domínio por forças imperialistas agressivas", e onde o país jogaria o próprio destino. Golbery (1967, p. 91) assim propugna que o Brasil deveria "cooperar na imunização também dos jovens países africanos à infecção fatal do comunismo, estar vigilante e atento a qualquer propensão soviética na direção dessa África Atlântica onde se situa a fronteira avançada e decisiva da própria segurança nacional".

MAPA 2 - Fronteira Oriental na visão do General Golbery do Couto e Silva

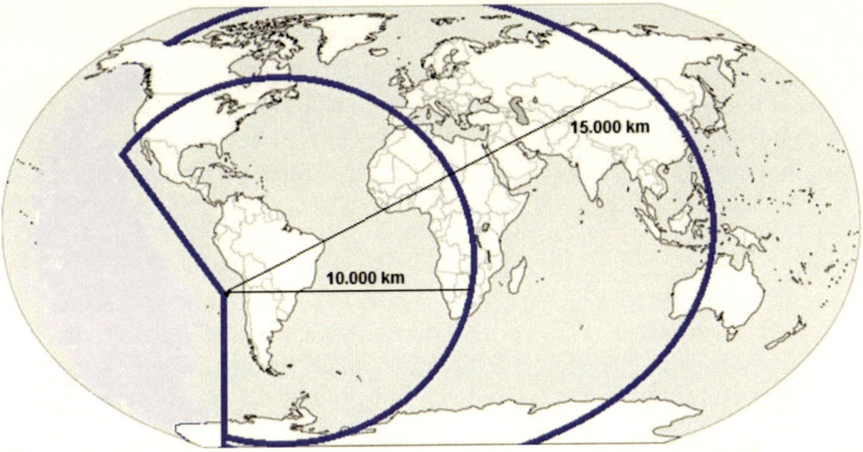

Fonte: Mapa elaborado pelo autor, com base na proposta de Golbery (1967).

Pode-se afirmar que o mérito de Golbery foi dar organicidade à difusa produção geopolítica sobre o Atlântico Sul e pôr definitivamente a "maritimidade" no espectro de discussões que figuravam nos estudos geopolíticos brasileiros[30]. Deve-se ressaltar que a sua produção não foi imune à críticas e suas proposições seriam posteriormente contestadas, em especial a importância que tributava aos EUA como parceiro privilegiado e a consideração da bipolaridade como axioma estruturante nas relações com aquele país (DECUADRA, 1991). De fato, suas postulações perderiam força no contexto do "Brasil grande potência" na década de 1970, quando o país exercia uma atuação externa afastada das posições norte-americanas e passava a valorizar a soberania nacional, e não mais a coletiva.

Importante ressaltar que o Atlântico Sul não foi estrutural para o pensamento geopolítico brasileiro, pois *a priori* ele não foi abordado para solucionar problemas especificamente brasileiros, como foi o caso da ampliação do mar territorial em 1970, mas recebeu atenção devido à conjuntura bipolar, ou seja, caracterizou-se por um "problema estratégico nos marcos do conflito Leste-Oeste, único conflito determinante na explicação das relações internacionais" (DECUADRA, 1991, p.62).

---

30 Não havia um periódico que reunisse a miríade de reflexões que se faziam sobre o mar. Grande parte da produção nos anos de 1950 e 1960 era publicada em revistas especializadas, como o *Boletim Geográfico*, a *Revista do Clube Militar*, a *Defesa Nacional* e o *Boletim do Clube Naval*. Como informa Myiamoto (1981), a maioria das reflexões geopolíticas surgiu e permaneceu quase que exclusivamente no âmbito das instituições militares. Não surpreende, pois, que as mentes que se dedicaram a reflexões sobre o Atlântico Sul eram, na maioria quase absoluta, de militares.

2.2 O Atlântico Sul no pensamento da "Escola" geopolítica brasileira

As propostas de Golbery não eclipsam a importância que outros pensadores brasileiros tiveram na afirmação do Atlântico Sul como espaço privilegiado da ação brasileira. O próprio clima de Guerra Fria e a ascensão dos militares ao poder encorajaram uma densa produção geopolítica de elevado teor qualitativo. Segue-se a revisão sucinta dessa literatura, enfatizando-se os trabalhos do General Carlos de Meira Mattos e a geógrafa Therezinha de Castro que, junto com Golbery, constituem o que Freitas (2004) chama de "Escola Geopolítica Brasileira".

O primeiro pensador brasileiro a expressar interesse pelas questões marítimas foi Everardo Beckheuser (1925), porém suas observações limitavam-se a contrapor as fronteiras terrestres brasileiras à fronteira marítima, de importância marginal para autor. Considerações mais substanciais sobre "maritimidade" foram produzidas pelo General Mário Travassos (1931), na sua obra *Projeção Continental do Brasil*, porém sua contribuição foi modesta, pois não ofereceu reflexões específicas sobre o Atlântico Sul. Consentâneo com o contexto da época, o autor teceu considerações sobre a importância dos meios fluviais e marítimos, inspirado pelo conflito de interesses com a vizinha Argentina. Ainda assim, na fase considerada de "amadurecimento e afirmação" do pensamento geopolítico brasileiro (1939-1945), a ausência de considerações sobre o Atlântico Sul é notória (MYIAMOTO, 1981; DECUADRA, 1991).

No rol principal das obras, o General Meira Mattos notabiliza-se, mormente, por sua vigorosa defesa de um Pacto do Atlântico Sul, que se convencionou chamar de "Organização do Tratado do Atlântico Sul" (OTAS), inspirado nos moldes da OTAN, durante os anos 1970. Em sua obra *Brasil, Geopolítica e Destino*, Mattos (1975, p. 75) tece considerações sobre a importância da costa atlântica africana como "linha de cobertura afastada da costa brasileira, sendo o continente o mais importante para o Brasil", pois "é ali que passam as principais linhas do tráfego marítimo, essenciais a nossa segurança, entre elas a chamada Rota do Cabo".

O autor advoga a necessidade de o Brasil participar de um pacto militar antissoviético, que contaria com a participação de Argentina, África do Sul e potências Ocidentais[31]. Esta tese fundamentava-se na necessidade de o país alargar suas "responsabilidades" na segurança do Atlântico Sul e nele projetar seu poder marítimo. Ciente das dificuldades logísticas e materiais das marinhas dos países mais importantes da região, Argentina, África do Sul e Brasil, a operacionalização da defesa do Atlântico Sul deveria conjugar esforços de contribuição do conjunto das forças ocidentais da OTAN para produzir um "efeito dissuasório" eficaz (MATTOS, 1980).

A preocupação do General Meira Mattos recaía sobre o Atlântico Sul como via marítima do comércio exterior brasileiro, correspondente a 95% do valor total, e do petróleo proveniente do Oriente Médio, e sua posição como passagem para a Antártica e como fonte de recursos. Interessante notar que, consentâneo com o furor

---

31 Essa não era ideia original, pois a proposta de uma "Organização do Tratado do Atlântico Sul" já havia sido lançada pela África do Sul, mas não recolheu o apoio brasileiro, embora houvesse uma corrente de oficiais favorável à realização deste intento na Marinha Brasileira.

nacionalista da época, Meira Mattos não via os interesses dos EUA como complementares aos brasileiros, porém encontravam um ponto de unificação em razão do aumento do poder soviético na região. Para o autor, os limites de segurança delimitados pelo TIAR eram insuficientes para cobrir a maior parte das águas oceânicas do Atlântico Sul, na medida em que abrangiam somente a costa sul-americana. Somava-se a isto a ideia da existência de uma unidade geoestratégica entre os Atlânticos Norte e Sul, que somente poderia ser defendida em conjunto. Tal fato, aliado à fluidez do tráfego marítimo e à inexistência de gargalos, elevava a importância do Atlântico Sul no contexto marítimo mundial (MATTOS, 1980).

Como informa Child (1980), as teses de Mattos coadunam-se com as propostas de Golbery, desenvolvidas no marco do projeto geopolítico do "Brasil Potência". No Atlântico Sul, o Brasil possuía interesses diferenciados daqueles genericamente ocidentais, motivado pela importância marítima do seu comércio exterior.

Por derradeiro, Therezinha de Castro (1984) devotou suas reflexões aos aspectos marítimos brasileiros, com denodada ênfase na defesa dos direitos brasileiros na Antártida e no papel que o Brasil deveria exercer na região sul-atlântica (CHILD, 1980). De uma perspectiva geográfica, a autora caracteriza o Brasil como "área *pivot*" para defesa ocidental, cuja importância se expressa na ideia de "múltiplos vetores", ou seja, na posição chave do Brasil entre as áreas de passagem marítimas para o Caribe e ao Sul, em razão de sua extensa costa e de seu promontório nordestino, que liga o Brasil ao litoral africano (CASTRO, 1984).

Terezinha de Castro (1984) divergia dos demais defensores da aproximação com os EUA, entendendo que tais relações não eram essenciais, porquanto a política externa norte-americana exercida a partir dos anos de 1970 enfraqueceu os laços diplomáticos entre os dois Estados. Nesse contexto, a autora aludia às suspeições do governo Carter sobre o programa nuclear brasileiro e ao apoio norte-americano à Grã-Bretanha durante a crise das Malvinas. Ao mesmo tempo, a autora criticava o TIAR, por sua baixa eficácia em cumprir o papel de defesa na região (DECUADRA, 1991).

Suas mais importantes elaborações geopolíticas concentram-se na defesa da reivindicação de uma parte do território antártico para o Brasil. A autora incluía a Antártida nas "diretrizes geopolíticas difundentes", tese que explicita a projeção da ação do Brasil para além das considerações geográficas, sobretudo pela importância do controle antártico para o domínio do Atlântico Sul, cuja segurança dependeria da proteção dos pontos de comunicação entre os Oceanos Pacífico e Índico e o Atlântico Sul, especificamente o Estreito de Drake e a Rota do Cabo da Boa Esperança. A preocupação da autora estava na possibilidade de domínio dessas passagens pelo "expansionismo soviético", dentro da estratégia de "flechamento das rotas".

Como informa Penha (2011), a estratégia de "flechamento das rotas" foi vinculada à doutrina das Facilidades Navais desenvolvida pelo Almirante russo Serguei Gorshkov com o objetivo de dotar a Marinha Soviética de condições para atuar em todos os mares do mundo, desenvolvendo uma poderosa esquadra naval. A Marinha Soviética desenvolveu um interesse na costa africana a partir da independência da Guiné Equatorial, em 1958. Mais do que isso, a URSS possuía estruturas de apoio na Antártida e no Atlântico Sul, que a permitiriam ocultar seus submarinos nucleares e possivelmente perturbar o tráfego marítimo na região (CASTRO, 1997; 1999) (ver mapa 3).

Castro notabilizou-se igualmente pelo aprofundado estudo que elaborou sobre a geopolítica da cadeia de ilhas no Atlântico Sul, visualizada pelo quadro do conflito global Leste-Oeste. Em relação à África, defendeu a tese do "vazio de poder" deixado com o fim do colonialismo e o risco de disseminação do comunismo neste vácuo político.

A produção dos três "demiurgos" da escola geopolítica brasileira perpassa o período do governo militar e afina-se com o discurso oficial em variados momentos, além de fornecer um precioso arcabouço que, por vezes com teor normativo, elucidou questões e legitimou a ação do Brasil no Atlântico Sul.

MAPA 3 – Estratégia de "Flechamento das Rotas" - Tese da Triangulação

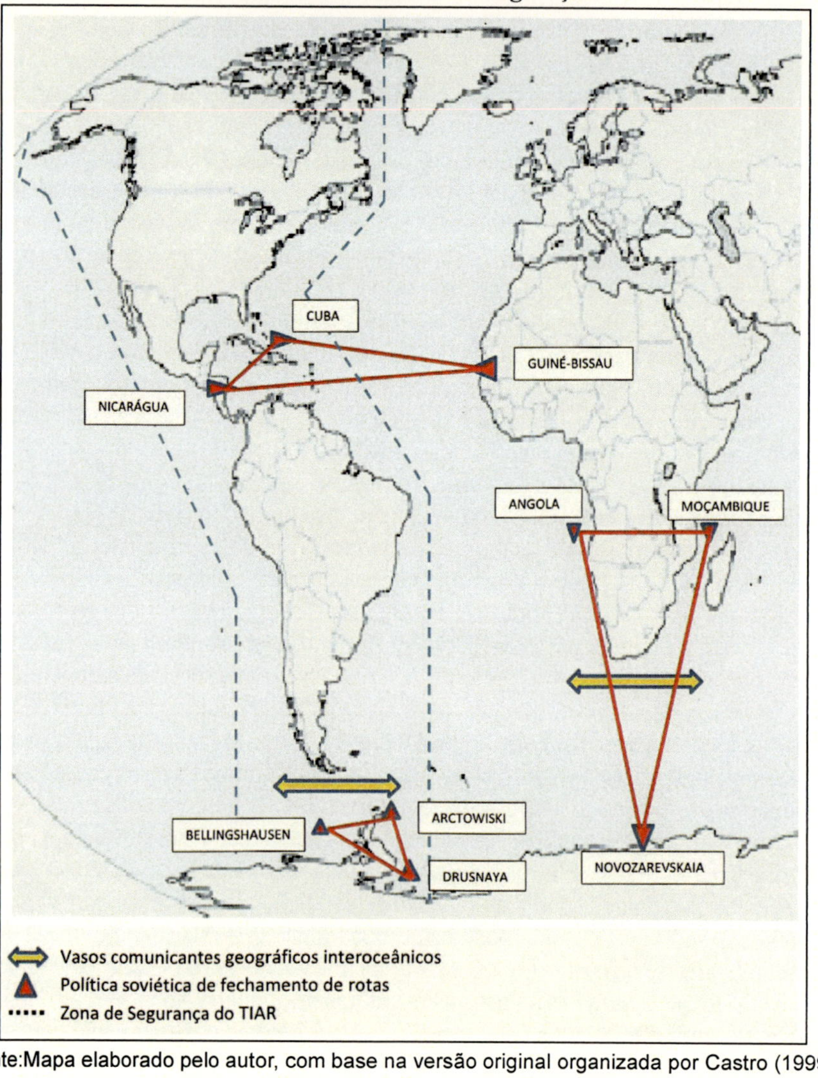

Fonte: Mapa elaborado pelo autor, com base na versão original organizada por Castro (1999).

2.3 O Atlântico Sul no contexto dos governos militares

Em termos político-militares, a tomada do poder pelos membros do estamento castrense significou, num primeiro momento, para invocar as palavras de Cervo (2002), "um passo fora da cadência", pois a política externa levada a cabo pelo governo do Marechal Humberto de Alencar Castelo Branco (1964-1967) não marchava ao ritmo dos acontecimentos internacionais, num momento de relaxamento de tensões entre as duas superpotências mundiais. Não somente isso, mas movimentos como o dos Países Não Alinhados[32] já evidenciavam a insustentabilidade do axioma da bipolaridade como parâmetro de inserção internacional do Brasil.

Em termos de política externa, o país alinhou-se estritamente aos Estados Unidos nos planos multi e bilaterais e a ideia de interdependência foi vinculada à tese das "fronteiras ideológicas", desmantelando o conjunto de princípios da Política Externa Independente (PEI). Tal tese foi aceita pelo Itamaraty, inclusive sua dimensão militar. A própria noção de interdependência implicava a reformulação do conceito de segurança nacional e a limitação da soberania, com consequência para os já consagrados preceitos de autodeterminação e não intervenção, conciliáveis somente por meio da segurança coletiva e do sacrifício da soberania nacional (VIZENTINI, 1998).

Sob a égide da segurança coletiva, condição *sine qua non* do desenvolvimento, o governo Castelo Branco romperia relações diplomáticas com Cuba e atingiria seu zênite, ao comandar a Força Interamericana de Paz que interveio na República Dominicana em 1965. O projeto de Castelo, na teoria e na prática, induzia o Brasil a abdicar da inspiração de tornar-se potência. Como sublinha Vizentini (1998, p.40), em troca da aliança incondicional, Castelo Branco esperava o estabelecimento de divisões de funções no âmbito hemisférico, atribuindo ao Brasil um *status* de sublideranca regional.

Quanto às relações militares, o golpe de 1964, embora tenha reafirmado as relações militares entre os dois Estados, foi paradoxal para fraternidade das armas, pois não se interrompera o movimento em direção a uma política externa mais autônoma, evidenciando que os militares brasileiros não mais precisavam da tutela dos seus pares estadunidenses. Nas palavras de David (2011, p. 396), "apesar de unidos pelo Acordo Militar, os militares brasileiros já não eram um satélite dos EUA". A recusa brasileira de enviar pessoal para a Guerra do Vietnã retira sua justificativa dessa lógica.

A continuidade dos exercícios navais da UNITAS mantinha a cordialidade do relacionamento, mas já se manifestava no interior das Forças Armadas o descontentamento com os rumos dados ao país. É possível se afirmar que essa insatisfação é fruto de um acumulado de dissabores da sempre esperada ajuda material norte-americana, que encontraram momento propício para aflorar com a presença dos militares no poder.

---

32   A criação deste movimento, na Conferência de Bandung em 1955, foi uma tentativa de vários países de influenciar a agenda global sem estar alinhados com uma das duas grandes potências do período da Guerra Fria. Na década de 1970, esses países buscaram desenvolver laços de solidariedade entre si com objetivo de compensar, ou diminuir, a dependência histórica em relação às antigas potências coloniais, fazendo surgir o conceito de cooperação sul-sul.

No período de Castelo Branco, as questões sul-atlânticas desta vez ressoariam não na relação com os Estados Unidos, deveras envolvidos no conflito vietnamita, mas com a proposta de formação de uma "comunidade luso-brasileira", encetada por Portugal, no momento em que este país europeu procurava granjear o apoio brasileiro contra investidas sobre o colonialismo luso nas Nações Unidas (PENNA FILHO, 2003). O próprio dirigente brasileiro simpatizava com a ideia, invocando a missão "civilizatória" de Portugal, no entanto, a iniciativa não seria levada a frente. Havia neste apoio uma componente geopolítica, vinculada ao temor exposto por Golbery de garantir a segurança da costa ocidental africana contra investidas soviéticas (GONÇALVES e MYIAMOTO, 1993; VIZENTINI, 1998). Ainda sob este prisma africano, o Brasil mantinha vínculos de cooperação com a África do Sul do regime de *Apartheid*, embora procurasse minimizar a dimensão desse relacionamento.

O retorno das tendências da PEI com o sucessor de Castelo Branco, o General Artur da Costa e Silva (1967-1969), o impulso globalista do país e o retorno do pragmatismo lançariam por terra a ideia daquela comunidade (SARAIVA, 1996). As relações exteriores passariam por profunda avaliação crítica, abandonando-se a ideia de interdependência e de fronteiras ideológicas, imprimindo uma visão estritamente nacional da soberania. O desenvolvimento adquiria prioridade e a soberania ganhava plenitude, descartando-se a visão de soberania coletiva, assim pondo a diplomacia a serviço da prosperidade (MONIZ BANDEIRA, 1989).

As relações militares Brasil-EUA não passariam imunes a essa "correção de rumos". Dois fatores conjugavam-se para abalar ainda mais o praticamente inócuo relacionamento entre os membros da caserna: a própria política externa, nacionalista e independente, e a redução, objetiva e ampla, das operações norte-americanas na América Latina. O primeiro elemento, em termos de fornecimento de material militar, se traduziria na busca da superação da dependência norte-americana. Entre 1968 e 1972, o país compraria cerca de US$ 500 milhões em equipamento militar da Europa, algo que normalmente seria adquirido dos EUA. O segundo ponto, consubstanciado na "Operação *Topsy*" [33], previa a gradual eliminação da ajuda militar, embora mantivesse o treinamento e as missões militares. A partir de 1968, os EUA suspenderiam a venda de armas ao Brasil. O efeito mais significativo disso seria o estímulo à produção de armas no próprio país (DAVID, 2011).

Particularmente sobre os meios navais, a administração Costa e Silva instituiu o Programa Decenal de Renovação dos Meios Flutuantes em 1967, com vistas a modernizar a força naval brasileira. Importante notar que o Programa Decenal refletia inequivocamente a preocupação da Marinha com a ameaça submarina soviética, na medida em que o país elevava sua dependência do tráfego marítimo, sobretudo a importação de petróleo e sua distribuição ao longo da costa. Em termos

---

33 Esta operação decorreu de decisão do Congresso norte-americano de impor cortes nas verbas destinadas ao hemisfério americano.

estratégicos, a diretriz mais importante do programa era a nacionalização dos meios e dos sobressalentes, ou pelo menos a redução substancial da dependência da manutenção e do reparo (VIDIGAL, 1985, p. 99-100).

Os constantes atritos entre os dois Estados não gerou uma solução de continuidade nas relações militares, tanto que a Marinha ainda se subordinava, cumpre frisar, pacificamente, à doutrina de defesa antissubmarina estadunidense, protegendo o tráfego marítimo de interesse dos países do hemisfério norte (LEÃO, 1988). O que de mais importante ocorreu neste período foi a inédita recusa brasileira de integrar um pacto de segurança no Atlântico Sul, proposto pela África do Sul em 1969.

A "ofensiva" sul-africana refletia uma necessidade estratégica de romper o seu crescente isolamento internacional em face do regime do *Apartheid*. O argumento de conter o "expansionismo soviético" era fundamental no convencimento dos e na aproximação com países latino-americanos. Geopoliticamente, a Rota do Cabo passou a ser a via principal de escoamento do petróleo do Oriente Médio, em razão do fechamento do Canal de Suez em 1967, e esse fato concorreu para justificar o argumento sul-africano (DECUADRA, 1991; PENNA FILHO, 2003).

Como nota Penna Filho (2003) a Marinha Brasileira mostrava-se interessada em se envolver num pacto militar no Atlântico Sul, numa possível OTAS, mas esta posição colidia com aquela da diplomacia brasileira, firmemente oposta a qualquer envolvimento militar com a África do Sul. Para o Itamaraty, a defesa transcendia os aspectos puramente militares e os frequentes contatos entre as instituições militares brasileiras e sul-africanas tornavam-se preocupantes na visão do Ministério das Relações Exteriores[34]. O ímpeto inicial de formação do pacto esmoreceria quando a proposta ganhou notoriedade na imprensa internacional, à qual o Brasil reagiria desmentindo qualquer associação militar com a África do Sul.

As autoridades brasileiras certamente não negligenciavam as repercussões que a iniciativa de Pretória teria nos EUA, que decerto a repudiavam pelas possibilidades que se abriam para a projeção militar dos atores regionais. As gestões feitas pelo embaixador brasileiro em Washington, Mario Gibson Barboza, tornariam evidente esta suposição. O Subsecretário de Estado norte-americano, Embaixador Johnson, fez saber que a frota soviética não apresentava nenhuma ameaça bélica à rota do Atlântico Sul, o que deslegitimava a proposta sul-africana, e que a aproximação militar com o governo de Pretória geraria certo desgaste do Brasil perante a comunidade internacional. Interessante notar é que este pensamento frutificou no Itamaraty e consolidou-se como preceito a ser sustentado em face de qualquer sugestão de pacto militar envolvendo o Atlântico Sul (PENNA FILHO, 2003).

O importante a reter aqui é o fato de que a ideia de formação de uma OTAS não desapareceu. Ela permaneceria na agenda de Estados como Argentina, Estados Unidos, África do Sul e Chile, e se manteria latente em um seguimento da

---

34 Parte das preocupações radica também no fato de que Portugal seria um dos membros principais, exatamente num momento de revisão do apoio dado ao colonialismo deste país na África.

Marinha Brasileira identificada por Decuadra (1991) como de "postura ortodoxa", mais afinado com a rigidez dos princípios da ESG, em firme sintonia com os propósitos de Washington e baseado na lógica confrontacionista Leste-Oeste.

Nos anos finais de 1960, a economia brasileira já começava dar seus primeiros sinais de recuperação, prenunciando um período de forte crescimento econômico, provendo as bases para a materialização da ideia de "grande potência". Agora com o General Emílio Garrastazú Médici no poder, esta conjuntura interna seria altamente favorável para atos que exaltavam as potencialidades nacionais e buscavam firmar a imagem internacional brasileira como país independente. O próprio cenário internacional era caracterizado por uma "política de congelamento do poder mundial" como afirmava o Embaixador brasileiro em Washington, Araújo Castro, e desta forma o país buscava inserir-se mais autonomamente no mundo (CERVO e BUENO, 2002).

A euforia do "milagre econômico" combinada com o ambiente internacional estratificado configurou uma política externa do exclusivo interesse nacional voltada para o esforço de neutralizar qualquer fator que pudesse limitar o poder nacional, o que levaria o país a divergir das posições norte-americanas (MONIZ BANDEIRA, 1989; GONÇALVES e MYIAMOTO, 1993). Isso não implicava um antagonismo estrutural, mas significava agir com "realismo pragmático".

Nesse sentido, Araújo Castro desenvolveu uma perspicaz distinção conceitual entre "política externa brasileira" e "política internacional do Brasil", sendo a primeira aquela que lidaria com os princípios do direito dos povos à soberania, à igualdade entre as nações, à autodeterminação e à não intervenção, dentro dos quais as relações com os EUA estariam preferencialmente localizadas; a segunda, pragmática, propugnava a evolução dos postulados jurisdicistas e idealistas da política externa para uma dimensão mais racional dos custos e benefícios de uma inserção internacional mais agressiva (SARAIVA, 1996).

Os principais pontos de fricção com os EUA constituíam questões que se acumulavam em governos passados e repassavam-se aos seus sucessores. A recusa brasileira em assinar o Tratado de Não Proliferação Nuclear, em 1967, era uma dessas pressões acumuladas. Em relação ao Atlântico Sul, havia uma questão que já fazia parte do conjunto de preocupações dos homens de Estado, mas que tardou a ser colocada em prática e que, por sua vez, interagia com outra de escopo mais amplo: a ampliação da soberania sobre o mar territorial brasileiro e a política africana brasileira.

2.3.1 A ampliação do mar territorial brasileiro: questões de soberania e segurança nacional e as divergências com os EUA

É mister entender a concepção do Atlântico Sul como "fronteira oriental brasileira". Além da já analisada dimensão geoestratégica, o Atlântico Sul comporta duas outras: a política e a econômica. O interesse do Brasil nesta vasta área de possibilidades conheceu períodos de ambiguidades e indefinições até a guinada dada pelo governo do General Ernesto Geisel em direção à África.

A noção de fronteira oriental que seria consolidada foi tecida paulatinamente e ao compasso das necessidades de ampliação do espaço de atuação internacional brasileiro. Na visão de Lima (apud PENHA, 2011, p. 164), a nova dimensão conferida aos vínculos com os países africanos inscreve-se num projeto diplomático de mais longo alcance, que procura assegurar presença internacional própria com o objetivo de elevar a parcela de influência do país em questões globais e de reduzir a condição de vulnerabilidade provocada pela crescente dependência de fatores externos, sobretudo o petróleo.

A crescente relevância dos mercados marítimos, a força da indústria naval brasileira para o comércio e a expansão dos interesses costeiros imediatos, tanto da pesca quanto da exploração do petróleo, demostravam a nova face do Atlântico Sul. No alvorecer dos anos de 1970, o Brasil assumia nova posição no cenário internacional e esse novo perfil de "condição de maior potência sul-americana, de primazia entre os países em desenvolvimento e de oitava economia do mundo capitalista passou a definir, na visão geopolítica, o perfil do país" (CAVAGNARI FILHO, 1987, p. 77).

O governo Médici tornava o Atlântico Sul cada vez mais "mediterrâneo". Inspirado pela intenção de elevar a estatura internacional do país à grande potência, o controle da fronteira leste parecia estrategicamente vital: era necessário fazer do Atlântico Sul um verdadeiro *mare nostrum* (GONÇALVES e MYIAMOTO, 1993). A estratégia brasileira de exercer domínio sobre seu espaço marítimo imediato traduzir-se-ia na decisão unilateral, consubstanciada no Decreto-Lei nº 1.098, de estender seu mar territorial brasileiro para a faixa de 200 milhas em 1970.

A necessidade de ampliação da fronteira marítima brasileira já invocava certo consenso no seio da diplomacia brasileira, pelo menos desde a década de 1950. Os vizinhos costeiros sul-americanos já haviam declarado unilateralmente o direito de extensão da soberania sobre seu mar territorial[35]. Tal pensamento transparecia em parecer de consultores jurídicos do Ministério das Relações Exteriores. Como informa Carvalho (1999, p. 23), os documentos afirmavam que

> o belo princípio da liberdade dos mares teve, sempre, por uma coincidência significativa, a defesa ardorosa da nação que podia dominar o mar declarado livre (...) em meio das mutações por que passa o mundo, parece que ocorrerá também o deslocamento desse poderio (...) não pode o Brasil retardar, por mais tempo, a declaração análoga às das cinco grandes nações americanas. Nenhuma delas terá, talvez, maior interesse que a nossa, em semelhante declaração.

O Brasil tardara a declarar soberania sobre seu mar territorial, sendo o último a fazê-lo na América do Sul, em razão principalmente de sua política de alinhamento estratégico com os EUA, o principal defensor da doutrina da liberdade dos mares no "hemisfério americano" e da não extensão da soberania sobre

---

35 Chile e Peru o fizeram em 1947, e o Equador em 1952. A Argentina foi a pioneira em declarar soberania em 1946, mas redefiniria sua dimensão para 200 milhas somente em 1966. O Uruguai o faria em 1969. Alguns Estados africanos recém-independentes o fizeram também, reafirmando ainda mais o valor do Atlântico Sul: Gana (1963), Guiné-Conacri (1956), Camarões (1967) e Senegal (1968) (CASTRO, 1989; CARVALHO, 1999).

o mar territorial (PENHA,2012). A decisão foi tomada com a consciência de que este ato era internacionalmente contestável, mas justificável à luz dos interesses nacionais, em consonância com a tendência geral que se consolidava na América Latina e em face da inexistência de norma de direito internacional que fixasse a largura máxima do mar territorial[36] (CASTRO, 1989).

A conjuntura de "congelamento do poder mundial", como informava o embaixador Araújo Castro, incidia sobre o Direito do Mar, na medida em que as grandes potências marítimas se opunham categoricamente à fixação de limites para o mar territorial. Algumas se recusavam mesmo a reconhecer qualquer forma de soberania ou jurisdição do Estado costeiro, nem mesmo havia a obrigação de reconhecer mares territoriais de largura superior a três milhas (CASTRO, 1989; CARVALHO, 1999).

Como informa Carvalho (1999), não é possível identificar uma "figura central" determinante, senão um conjunto de fatores de origem econômica, político-diplomática e securitária que concorreram conjuntamente para definir a decisão brasileira. Economicamente, embora os recursos vivos e não vivos no solo e subsolo marítimos não fossem totalmente desconhecidos e sua importância exploratória fosse relativamente pequena, já havia a consciência de seu potencial futuro. A "Guerra da Lagosta", ocorrida em 1963 no contexto do governo João Goulart, já demonstrara a importância da pesca para as comunidades ribeirinhas em face da crescente população do país. Àquela época, já se suspeitava do potencial energético do mar, fato este que seria confirmado posteriormente[37]. Essas preocupações vinculavam-se à ideia mais ampla de segurança, por sua vez atrelada aos imperativos do desenvolvimento.

Pelo prisma político-diplomático, a convergência de posições dos países latino-americanos propiciava a formação de uma "frente única" capaz de contrapor argumentos aos das potências marítimas tradicionais, sobretudo os Estados Unidos e Grã-Bretanha, prestando contribuição pioneira à luta pela transformação de padrões iníquos e anacrônicos de relacionamento entre os Estados do Norte e do Sul. De fato, havia razão para tal estratégia, porquanto EUA e URSS já empreendiam gestões diplomáticas articuladas para convocar uma conferência internacional em que se pretendia a limitação do mar territorial em 12 milhas e o estabelecimento de um regime especial de pesca na área além dessa milhagem, que deveria ser considerada alto-mar, e estar sob supervisão de órgãos técnicos multilaterais (CASTRO, 1989; CARVALHO, 1999).

Saraiva (1996) afirma que a decisão brasileira também procurava envolver os países da costa atlântica no apoio à decisão da administração Médici, sendo o respaldo africano importante trunfo junto aos organismos multilaterais, frisando a importância do Atlântico Sul como área vital para a segurança econômica da

---

36 De fato, a convenção de Genebra sobre Mar Territorial e Zona Contígua de 1958 é omissa quanto ao mar territorial. Nenhuma das propostas apresentadas reuniu a maioria necessária.

37 Carvalho (1999) informa que, durante o processo de decisão sobre a milhagem a ser adotada, ponderou-se inicialmente que, se somente os interesses pesqueiros fossem levados em conta, 100 milhas bastariam, porém pesquisas geológicas da Petrobrás revelaram a existência de lençóis petrolíferos em torno de 150 milhas. A dúvida sobre a localização das jazidas fortaleceu a ideia das 200 milhas. Parecia razoavelmente lógico que poderosas companhias internacionais, com avançada tecnologia de prospecção, poderiam apropriar-se de áreas de exploração antes de que o Brasil o fizesse.

região. Dada a projeção de poder de potências extrarregionais, o Atlântico Sul, como já mencionado, tinha outra relevância estratégica para a política externa brasileira: a Antártida. A região evidenciaria sua importância ao Brasil, quando da assinatura do Tratado da Antártida em 1975.

Em relação ao aspecto da segurança, a decisão de estender a soberania brasileira sobre o mar territorial tinha um significado mais amplo, que se ligava à precariedade dos meios de defesa brasileiros e ao contexto de ampliação das possibilidades do uso do mar para fins bélicos. Nesse sentido, o Brasil procurava respaldar-se juridicamente para proteger seus interesses vinculados a objetivos de segurança nacional e de defesa. Na exposição de motivos nº 011/70, do Secretário-Geral do Conselho de Segurança Nacional, General João Baptista Figueiredo, citava-se a questão da segurança, registrando-se uma alteração da posição defendida pelo Ministério da Marinha acerca da inadequação de meios para um patrulhamento eficaz das águas jurisdicionais brasileiras, contudo essa deficiência não foi considerada para não comprometer a ampliação pretendida (CASTRO, 1989).

Naquele momento, já era praticamente consensual que a ameaça soviética era mais hipotética do que real. A possibilidade de uma agressão naval ao litoral brasileiro era cada vez mais remota, porém havia o receio de que as duas superpotências pudessem fazer uso bélico do solo marinho. Os avanços científicos dos últimos 20 anos puseram à disposição do homem dois ambientes até então inacessíveis: o espaço cósmico e as profundezas oceânicas. A problemática da utilização do fundo do mar para fins bélicos situava-se no âmbito do controle de armamentos e, portanto, no campo geral do desarmamento. Almejava-se evitar o alastramento de uma corrida armamentista mundial pelo fundo dos mares e oceanos e a consequente instalação de artefatos nucleares neles[38] (LAVENÈRE-WANDERLEY, 1971).

A URSS defendia que o fundo dos mares e oceanos, além dos limites das águas territoriais, fosse usado para fins pacíficos, embora fosse uma preocupação pouco realista, pois desconsiderava a posição de cada país em relação à extensão de suas águas territoriais e que a jurisdição nacional já se estendia à plataforma continental, além das águas territoriais. Os EUA também defendiam o uso do fundo do mar para fins pacíficos, mas admitiam a colocação de armas defensivas nele e procuravam evitar a colocação de armas de destruição em massa (LAVENÈRE-WANDERLEY, 1971). Na visão do Estado brasileiro, afigurava-se essencial impedir a alocação de artefatos nucleares em águas adjacentes às costas do país e o livre uso das águas litorâneas por navios estrangeiros para atividades de espionagem ou pesquisa marinha para fins militares. Isso era uma ameaça real, pois o governo brasileiro já havia apreendido inúmeros navios soviéticos com aparência de barcos pesqueiros ou de missão científica[39] (CARVALHO, 1999).

---

38 Outras possibilidades de utilização militar do fundo dos oceanos seriam: a) a colocação de bases de mísseis nucleares na plataforma continental, com a vantagem de afastá-las dos centros populosos e com a desvantagem do elevado custo e complexidade; b) a colocação no fundo do mar de minas convencionais ou nucleares, que poderiam ser ativadas e controladas a distância; c) o emprego de artefatos móveis, com capacidade de se deslocarem no fundo do mar, para a procura, detecção e destruição de submarinos inimigos.

39 Exemplo emblemático desta ameaça foi a apreensão no navio *Kegostro*, portando sofisticados equipamentos eletrônicos que poderiam estar sendo usados tanto para exploração científica quanto para espionagem.

A declaração unilateral brasileira teve forte repercussão nos EUA. Os argumentos brasileiros de resguardar seus potenciais depósitos de petróleo na plataforma continental e seus interesses pesqueiros não convenciam as autoridades norte-americanas. Para os EUA, tratava-se de uma política de poder, embora a decisão brasileira não alterasse a relação de forças nem representasse um desafio aberto à hegemonia dos EUA no hemisfério (GONÇALVES e MYIAMOTO, 1993).

Em junho de 1971, o Subsecretário da Marinha dos EUA, John Warren, anunciava que seu país não reconheceria, sob nenhuma hipótese, a decisão brasileira. Essa postura seria seguida pelo porta-voz do Departamento de Estado, Charles W. Bray, ao declarar que a reivindicação brasileira contrariava o Direito Internacional existente e que os pescadores americanos não teriam nenhuma obrigação de pagar qualquer licença, de acordo com as leis internacionais. A consciência de que os EUA poderiam retaliar em função de seus interesses não impediu que o Brasil empreendesse uma ação firme na segurança de suas águas jurisdicionais. Registraram-se pequenos incidentes, como o de barcos pesqueiros norte-americanos que capturavam camarão no litoral do Amapá e a acusação do deputado americano Sam Gibbons de que o Brasil atacara oito barcos pesqueiros americanos que atuavam dentro do limite das 200 milhas brasileiras (LEÃO, 1988; CARVALHO, 1999).

Os EUA argumentavam igualmente que o reconhecimento do ato brasileiro poderia gerar constrangimentos a seus projetos espaciais, já que afetaria a questão de posicionamento dos navios de rastreamento e os dispositivos de recuperação de cápsulas espaciais(CARVALHO, 1999, p. 29 e 44-45). O principal ponto de preocupação dos EUA de que uma proliferação de mares de 200 milhas tornariam os oceanos intransitáveis carecia de substância.

Conforme explica Torres (1981, p. 45),

> a verdade é que esse alargamento do mar territorial não afeta, de fato, interesses de terceiros e nem traz no seu bojo qualquer hostilidade a marinhas estrangeiras(...) os navios de todas as nacionalidades poderão transitar livremente pelo mar territorial brasileiro, sem, todavia, poderem entregar-se ao exercício de quaisquer atividades estranhas à navegação e sem outras paradas que não as incidentes à mesma navegação.

Bem examinadas as demais disposições do Decreto-Lei nº 1.098[40], verifica-se que elas impediam apenas, na faixa de 200 milhas previstas, atividades predatórias dos recursos marítimos, ou deslocamentos de força naval realizados com a permissão ou a fiscalização do Brasil.

O problema não envolvia necessariamente o âmbito bilateral, mas constituía uma decisão pragmática para o redimensionamento das relações entre os dois Estados. Foi um cálculo cuidadoso, que objetivava gerar um fato político capaz de alargar o espaço de ação internacional do país e, internamente, reforçar o discurso

---
40 As disposições referidas por Torres (1981) estão inscritas nos artigos 3º e 4º do referido Decreto.

do "Brasil potência" e demonstrar nacionalismo, sobretudo para as Forças Armadas. A estratégia opunha um interesse brasileiro específico a interesses norte-americanos difusos. De fato, a medida tangia um ponto não tão sensível para os EUA, dando-se fora do campo de retaliação automática norte-americana (MONIZ BANDEIRA, 1989; VIZENTINI, 1998).

As divergências persistiriam até a Conferência de Montego Bay sobre o direito do mar, realizada na Jamaica em 1982, que definiu o regime jurídico para o mar territorial. Ao ratificá-la em 1988, o Brasil aceitava exercer sua soberania sobre um mar territorial de 12 milhas e adotava o conceito de Zona Econômica Exclusiva (ZEE), para 188 milhas adjacentes[41] (REZEK, 2005). Carvalho (1999) informa que durante as negociações, os Estados Unidos impuseram dificuldades à conclusão dos trabalhos, tentando reabrir toda a parte do projeto referente ao regime para a área internacional do fundo do mar. Os EUA jamais assinaram a Convenção, esposando historicamente o argumento de "liberdade total dos mares", cuja justificativa é a limitação da mobilidade dos poderes navais.

Do ponto de vista da defesa e da segurança, esperava-se naturalmente que a Marinha fosse dotada de meios capazes de fazer frente a esta nova responsabilidade advinda da medida. A decisão de estender o mar territorial foi recebida com euforia, mesmo porque houve ampla participação de oficiais da Marinha. Esse foi momento oportuno para esta Arma, pois serviria de incentivo para o dimensionamento de uma força naval condizente com a extensão das costas brasileiras e com a posição que o Brasil deveria ocupar na estratégia do Atlântico Sul, além de consolidar seu papel na segurança nacional (FLORES, 1972). Percebe-se nesta declaração a vontade dos militares brasileiros de atuar mais autonomamente e decerto obter o reconhecimento de seu *status* na região.

Como mencionado, desde a Operação *Topsy*, que praticamente interrompeu o fornecimento de material bélico norte-americano para o Brasil, o país buscava diversificar seus fornecedores de equipamento bélico e avançar no desenvolvimento de uma indústria militar nacional. Um passo fundamental nesta direção foram a criação da Empresa Brasileira de Aeronáutica (EMBRAER) em 1969 e da Indústria de Material Bélico (IMBEL) em 1975. O impulso autonomista seria observado na Marinha brasileira, no que tange a sua independência material e doutrinária em relação aos EUA.

---

41   A concepção brasileira de soberania territorial plena sobre toda a faixa de 200 milhas marítimas, limitada apenas pelo reconhecimento do direito de passagem inocente, e a denominação de "mar territorial" dada a essa extensa área no Decreto Lei n. 1.098 foram dificilmente conciliáveis com as disposições da Convenção, que limitou a soberania territorial a uma faixa de 12 milhas e estabeleceu, até o limite de 200 milhas, um regime *sui generis*, distinto do mar territorial e do alto-mar, no qual uma ampla gama de direitos do Estado costeiro é reconhecida, sem prejuízo dos direitos de navegação de outros Estados. Para os interesses energéticos do Estado brasileiro, a Convenção garantiu os direitos exclusivos do Estado costeiro sobre sua plataforma continental, sendo seu limite exterior coincidente com a ZEE, podendo esta plataforma ser estendida a até 350 milhas, caso ela não seja descontínua.

2.3.2 A Marinha do Brasil em busca de autonomia estratégica

De acordo com Hill (1986) o principal aspecto que induz um Estado a desenvolver uma política marítima é seu grau de dependência em relação ao mar, definida em função de tráfego marítimo, marinha mercante, indústria de construção naval, atividade pesqueira e extração de recursos *off-shore*. A partir destes critérios propostos, e confrontando-os com a riqueza e a população, Hill define o que ele chama de potência marítima média. Em suas ações, tais potências podem se articular com uma superpotência, mas a maior parte deve projetar forças próprias segundo seus interesses estratégicos, porquanto o elemento de distinção da potência média é seu grau de autonomia em face de uma grande potência ou suas aspirações de alcançá-la em futuro próximo.

A despeito das deficiências materiais da força naval brasileira, o Brasil caracterizava-se como potência marítima média, que se vinculava a uma superpotência por seu engajamento à estratégia do *hegemon*. Havia a consciência dos estrategistas brasileiros de que este relacionamento poderia envolver o país em conflito global ao lado dos EUA, contudo procurava-se garantir igualmente meios materiais para alcançar autonomia estratégica. A busca de reconhecimento da estatura brasileira no Atlântico Sul foi uma constante nas relações Brasil-EUA, mas os Estados Unidos sempre barraram as pretensões brasileiras e suspeitaram que o Brasil pudesse se tornar uma potência hegemônica regional (PENHA, 2011).

A concepção de poder marítimo brasileiro, inscrita na ideia de Poder Nacional, foi explicitada em finais de 1960, em sintonia com a perspectiva de projeção sobre o hemisfério sul-americano, conforme postulações do pensamento geopolítico brasileiro e da política externa. Como elucida Penha (2011, p. 99),

> o Poder Nacional, inicialmente concebido nos limites do território nacional, extravasaria a base terrestre em que se desenvolvera para se projetar sobre o Atlântico Sul, graças, sobretudo a extensão do mar territorial para 200 milhas e pela perspectiva de construir uma marinha independente da dos Estados Unidos.

Como indicado, o Programa Decenal de Renovação de Meios Flutuantes instituído pela gestão Costa e Silva iniciou o processo de distanciamento da dependência norte-americana, mas as expectativas de alcançar total autonomia não frutificaram, embora a Marinha passasse a ter participação mais ativa na política internacional do país. Revia-se a tese da aliança privilegiada com os EUA, e a concepção de defesa coletiva refluía em favor de uma visão especificamente nacional.

O afastamento das orientações dos EUA tinha sentido pragmático, ao mesmo tempo em que ecoava a tônica nacionalista do momento. Na visão de Vianna Filho (1995), a soberania e a dignidade nacionais exigiam um nível exequível de nacionalização dos meios navais, que afiançasse um patamar aceitável de independência de fontes exógenas de suprimentos, de sorte que as soluções nacionais não se sujeitassem compulsoriamente a vontades externas (Estados Unidos) e que a interdependência não fosse penosa para uns ou justificativa para hegemonias, que fatalmente conduziriam a uma ordem internacional injusta.

Essa guinada autonomista reforçou-se no governo seguinte. A gestão do Governo Geisel (1974-1978) rompeu definitivamente com a ideia de subordinação, desvinculando a Marinha da estratégia naval norte-americana. Deu-se expressão prática a esta nova postura nas Políticas e Diretrizes Básicas de 1977, e mais substancialmente no Plano Estratégico da Marinha[42]. Para Vidigal (1985, p.105),

> a Marinha, pela primeira vez de forma plenamente consciente, formalizou, através de documentação adequada, sua concepção estratégica, em consonância com a política governamental e tem procurado, assim, orientar o planejamento e o preparo da força naval e do apoio que ela necessita.

A nova concepção advinha do entendimento de que o equilíbrio de terror entre as duas superpotências tornava improvável a eclosão de uma guerra generalizada. A hipótese deste conflito manteria o Brasil nas suas funções "clássicas" de proteção do tráfego marítimo, com operações antissubmarinas. Isso chamou a atenção dos pensadores navais para a possibilidade de guerras mais localizadas, limitadas a certas regiões, e sem a intervenção dos dois atores principais, o que abria uma gama de novas tarefas à Marinha (VIDIGAL, 1985, p. 103).

Tal pensamento gestava-se na sistemática de planejamento de alto nível no Estado-Maior da Armada, face à percepção da rápida evolução do quadro político-estratégico internacional, pelo "encontro da racionalidade com a realidade, contribuição da inteligência lógica para percepção do presente (...), antevisão de 'futuríveis' e objetividade do planejamento estratégico naval" (VIANNA FILHO, 1995, p. 81).

No seio da própria Marinha, os debates acerca da projeção brasileira sobre o Atlântico Sul cindiam-se em duas posturas, uma "ortodoxa" e outra "heterodoxa", que terão importante implicação na decisão brasileira de rejeitar, numa nova proposta, a formação da OTAS, a serem discutidas na próxima sessão.

2.4 O avanço autonomista da política externa brasileira no espaço sul-atlântico

O Governo Geisel, cuja política externa orientava-se por um "pragmatismo responsável e ecumênico", formaliza conceitualmente a autonomia que se vinha evidenciando desde Costa e Silva. A redefinição das relações com os EUA seriam o primeiro e decisivo passo da política exterior brasileira, sendo considerada a "vertente perturbadora" da política externa nesse período (LESSA, 1998). As relações com os EUA, cujas tensões foram administradas por Médici, passariam por momentos de "estremecimento" no governo Geisel, tocando em questões

---

42 Essa postura nitidamente autonomista, buscando um afastamento das concepções doutrinárias e da dependência de meios materiais estadunidenses, resultava da percepção, longamente difundida no círculo de estrategistas militares brasileiros, de que o Acordo Militar de 1952 traria mais prejuízos do que benefícios ao Brasil, por atrasar avanços tecnológicos no setor de armamentos. Não por acaso, as novas diretrizes da Marinha foram elaboradas no contexto de ruptura do Acordo em 1977.

conflitivas, como o domínio da tecnologia nuclear e os direitos humanos (HIRST, 2011). A diplomacia apareceria como vetor do projeto desenvolvimentista na busca de autonomia industrial e, sobretudo, de redução da vulnerabilidade energética, em face do choque do petróleo de 1973.

Diante do esmorecimento do "milagre brasileiro", a África despontava como potencial fornecedor de insumos energéticos e mercado consumidor da produção de bens manufaturados brasileiros, o que inevitavelmente aprofundava a importância do Atlântico Sul para a projeção político-econômica do país. A "desideologização" da política externa brasileira significaria a tomada de atitudes em franco desalinho com as expectativas norte-americanas (MONIZ BANDEIRA, 1989; VIZENTINI, 1998; HIRST, 2011). Aos olhos dos estrategistas brasileiros, o bilateralismo diplomático preferido pela gestão Médici conduziria a um insulamento internacional do país.

O sistema internacional testemunhava um processo de erosão da ordem bipolar e, nesse contexto cambiante, o Brasil procurava desvincular seus interesses da doutrina das fronteiras ideológicas. O lado africano do Atlântico Sul, parte integrante das preocupações de segurança brasileiras, testemunharia intensa divergência entre os interesses brasileiros e norte-americanos. Embora o interesse econômico permeasse substancialmente a política africana brasileira, os imperativos da manutenção do desenvolvimento davam substancial relevo também ao aspecto político (GONÇALVES e MYIAMOTO, 1993).

A partir desse entendimento, os recém-independentes governos angolano e moçambicano, apesar de sua inspiração marxista-leninista, foram prontamente reconhecidos pelo Brasil, e o regime segregacionista sul-africano do *Apartheid* recebeu expressamente a condenação brasileira (CERVO e BUENO, 2002). O Brasil apoiava exatamente o lado a que os EUA se opunham. Essas posturas foram igualmente oportunas no sentido de que se buscava alterar a ambiguidade brasileira em relação ao colonialismo e significaram o fim definitivo da conduta pautada pelas "fronteiras ideológicas".

O apoio dos EUA à África do Sul suscitava a possibilidade de alastramento do conflito do Atlântico Norte para o Sul, na medida em que a intensificação da presença militar cubano-soviética em Angola obrigava a África do Sul a uma posição defensiva. Era estratégico para o Brasil aproximar-se dos Estados na costa ocidental africana e manter bom relacionamento com eles, de modo a fazer sentir sua presença e eventualmente participar de negociações que viessem alterar a ordem estabelecida. Considerando essa hipótese, acompanhar a política norte-americana para o Atlântico Sul naquele momento conflitaria diametralmente com os interesses nacionais brasileiros (GONÇALVES e MYIAMOTO,1993).

Outras questões concorriam para elevar as relações Brasil-EUA a um ponto crítico. A busca por segurança energética e os constantes empecilhos postos pelos EUA ao desenvolvimento da capacidade nuclear brasileira levaram o Brasil a firmar um acordo nuclear com a Alemanha em 1975. Pressões adicionais, oportunamente atreladas à questão nuclear, adviriam da política de direitos humanos norte-americana levada a cabo pela administração Jimmy Carter, considerada uma ingerência intolerável nos assuntos domésticos brasileiros. Tal política agravava a situação, pois condicionava a ajuda militar ou de segurança à questão interna de direitos humanos. O acúmulo de desagrados culminaria na denúncia do Acordo Militar de 1952 pelo Brasil, em 1977 (MONIZ BANDEIRA, 1989; VIZENTINI, 1998).

De fato, o Acordo Militar era praticamente inoperante, e sua denúncia teve conteúdo simbólico. Desde 1974, o Brasil vinha desenvolvendo sua indústria bélica, e diante da necessidade de ampliar a escala de produção, buscava mercados no exterior. Neste sentido Geisel aprovara, naquele ano, a Política Nacional para a Exportação de Material de Emprego Militar, elaborada pela Subsecretaria-Geral do Conselho de Segurança Nacional, em conexão com o Ministério das Relações Exteriores e os Ministérios militares. A África tornou-se um grande consumidor dos equipamentos brasileiros e isso certamente incomodava as autoridades norte-americanas. A partir dos anos de 1970, o Brasil passaria a produzir 80% de seu material bélico, sendo os demais 20% importados de diferentes fornecedores, com mínima participação americana (MONIZ BANDEIRA, 1989; DAVIS, 2011).

Essa ruptura não significou a descontinuidade das relações militares. Embora o desdobramento da denúncia do Acordo tenha sido a dissolução da JBUSDC e da JBUSMC, da Missão Naval e do Acordo Cartográfico, as relações militares mantiveram-se ativas, ainda que de forma discreta, sendo conduzidas por intermédio de várias outras agências militares. As relações entre as Marinhas continuaram cordiais, mantendo-se, por exemplo, o tradicionalismo das Operações Unitas (VIDIGAL, 1985; CAVAGNARI FILHO, 1987; DAVIS, 2011).

2.4.1 A renovada tentativa de formalização do pacto militar da OTAS

Ao longo da década de 1970, o Atlântico Sul passou a receber mais atenção dos EUA, adquirindo relativa importância, pelo menos na consideração do estabelecimento de um pacto de defesa na região. As preocupações norte-americanas não eram desarrazoadas. A conjuntura sul-atlântica mostrava-se desfavorável a seus interesses com o escalonamento da presença político-militar soviética na África e a possibilidade de formação de uma "linha de frente" de governos pró-marxistas, com a descolonização dos países africanos da faixa atlântica (PENHA, 2011). A estratégia naval dos EUA, imutável desde os primórdios da Guerra Fria, inseria-se no aspecto predominante de sua política externa: o controle do expansionismo soviético, a manutenção da liberdade de navegação e a garantia de acesso a matérias primas estratégicas (NASH, 1986).

Desde os anos 50, com a desativação da IV Esquadra dos EUA, a predominância das frotas norte-americanas diminuiu gradualmente no Atlântico Sul, em razão da necessidade de atender a seus interesses no Mediterrâneo, no Atlântico Norte, no Oceano Índico e no Pacífico. A região do Caribe e da América Central estava em situação até mais privilegiada em termos de segurança, haja vista que estavam ao alcance de forças sediadas no território americano. Na ausência de uma força naval específica, a região sul-atlântica estaria coberta pela atuação da Segunda Frota. Assim explicava o ex-secretário da Marinha no Departamento de Defesa, John Lehman (apud NASH, 1986, p. 23):

> A Segunda Frota é o coração da esquadra atlântica para a OTAN. Ela é responsável pelas operações navais no Atlântico Norte e Oriental (...). Ela deverá simultaneamente cumprir qualquer missão requerida no Caribe, onde fazemos face a uma grande presença naval soviética e cubana: no Atlântico Sul onde temos rotas marítimas vitais ao longo das rotas e oeste da África, onde os soviéticos movimentam forças navais, continuamente.

Em paralelo, a Marinha Soviética desenvolveu uma marinha mercante e uma força de defesa marítima oceânica de capacidade efetivamente global, chegando ao Atlântico Sul já em princípios de 1970 e tornando-se a força predominante na região[43]. Os setores políticos norte-americanos reconheciam que a extensão do poder político-militar soviético propagava-se no "vácuo" de liderança deixada pelos EUA (GADDIS, 1991). Na Guiné, a URSS utilizava o porto de Conakry como base para a Patrulha da Costa Oeste Africana, atuando em número de 5 a 8 unidades. A influência soviética alastrava-se principalmente pela ajuda militar e pela presença de tropas cubanas em Angola. Os soviéticos mantinham a liderança como os maiores fornecedores de armas por meio de acordos com 21 países, com a presença de aproximadamente 3.900 consultores e técnicos militares em 16 deles. Em contrapartida, havia aproximadamente 1.500 militares africanos em cursos de treinamento na URSS. Entre 1977 e 1984, Angola recebeu, individualmente, mais de US$ 1 bilhão.Isso explica porque este país era o baluarte soviético na África (NASH, 1986, p. 26-27).

Nesse panorama sul-atlântico, a tese de criação da OTAS ganhava alento e mesclava-se com a política de projeção de poder das potências regionais, sobretudo a Argentina e a África do Sul, cujas pretensões encontrariam oportunidade de se realizar com a formação de um pacto de defesa integrado aos moldes da OTAN[44]. A "ameaça" soviética era objeto frequente do discurso securitário dos dois atores. A ideia da OTAS foi lançada novamente a partir da reunião promovida em Buenos Aires, em 1976, entre oficiais das Marinhas do Brasil, Argentina, África do Sul e EUA, cujas preocupações incidiam sobre a possibilidade de barcos pesqueiros da URSS fornecerem armas a movimentos de guerrilha na América do Sul e na África (PENHA, 2011).

---

43 Um fator pouco mencionado é que, em termos geopolíticos, a situação era ainda mais delicada, pois as bases soviéticas de Druzhnaya e Bellingshausen e a base polonesa em Arctowiski, localizadas na Antártica, situavam-se dentro do perímetro de segurança do TIAR.

44 Penha (2011) informa que durante as conversações, os grupos militares de cada Estado procuravam atribuir-se funções à luz de interesses estratégicos específicos, tendo sempre a ameaça comunista como justificativa. Nesse sentido, a Argentina reivindicava o controle das Ilhas Malvinas, para patrulhar o Estreito de Magalhães e a Passagem de Drake, incluindo aí também suas reivindicações antárticas. A África do Sul buscava assegurar seu regime de *apartheid*, ressaltando o perigo de uma "revolução comunista negra" na região da África Austral.

Intensamente discutida, a ideia ganharia velado respaldo dos EUA no Governo de Ronald Reagan (1981-1989), no início da década de 1980. A repentina relevância que a região adquirira era fruto de uma profunda revisão doutrinária da estratégia militar norte-americana, cujo teórico mais destacado foi Ray S. Cline, ex-diretor adjunto da CIA, que teceu contundente crítica à política de direitos humanos do Presidente Carter, bem como à leniência no tratamento com governos comunistas. Cline propunha a formação de amplo sistema de defesa denominado *"All-Oceans Alliance"*, o que na prática significava uma transposição da OTAN em escala global e um reforço do dispositivo oceânico mundial dos EUA (PENHA, 2011) [45]. Mesmo antes de sua posse como presidente, a assessoria de Reagan já recomendava a criação de um acordo, com os próprios Estados Unidos patrocinando uma aliança com os principais Estados ocidentais, o que incluía necessariamente o Brasil, para conter a expansão do controle soviético sobre os recursos minerais e energéticos do sul (MYIAMOTO, 1985).

Os EUA reorientariam sua estratégia no sentido de criar alianças sólidas com aliados tradicionais. Para Moniz Bandeira (1989, p. 252), a estratégia procurava "promover tensões que recompusessem, ao nível político-militar, os marcos estratégicos do conflito bipolar com a União Soviética, como forma de submeter e realinhar os países do Ocidente sob o comando dos EUA".

As perspectivas de constituição da OTAS eram bastante promissoras, dando-se continuidade às conversações sobre a defesa do Atlântico Sul em nova conferência em Buenos Aires, em 1981, desta vez com número maior de países, incluindo Chile, Uruguai e Bolívia. Os partícipes procuravam preparar seus parceiros europeus para uma eventual participação com aliados do Sul, fusionando as manobras da Unitas 81 com as da OTAN, em exercícios conjuntos, o *Ocean Venture 81*[46](PENHA, 2011).

Embora tomasse parte nas reuniões, a posição brasileira há muito era de recusar qualquer dispositivo de segurança coletiva no Atlântico Sul, e assim foi manifestada pareceres contrários à iniciativa. Desde o início da década de 1970, a possibilidade de formação de um pacto militar na região sul-atlântica era discutida na literatura da ESG (MYIAMOTO, 1985). Em especial na Marinha, como já se indicou, observava-se a existência de duas posturas distintas sobre o assunto. Havia uma corrente identificada como "ortodoxa", que procurava focar suas críticas na ineficácia do TIAR e que estava fortemente vinculada ao ideário norte-americano e ao conflito bipolar[47]. A outra, "heterodoxa", aproximava-se da política externa brasileira para o Atlântico Sul, mormente a partir do governo Geisel, com leitura de um sistema internacional crescentemente multipolar (DECUADRA, 1991).

---

45   A crítica de R. Cline está exposta em sua obra *US Foreign Policy and World Power Trends*, de 1980.
46   Embora jamais realizados, os efetivos previstos eram muito significativos: 125.000 militares, 1.000 aviões e 250 navios seriam mobilizados juntos aos EUA e os potenciais membros da OTAS.
47   Conquanto não haja estudos específicos sobre tal postura, Myiamoto (1985) informa que o grupo ortodoxo era formado por oficiais da reserva, de mentalidade "esguiana", e identificados com os regimes autoritários do continente.

Esse último grupo, formado principalmente por oficiais da ativa, refletia o sentimento "anti-americano" forjado na esteira das divergências com os EUA sobre a capacitação nuclear brasileira, o desenvolvimento da indústria bélica nacional e a política de informática brasileira. A própria Chancelaria brasileira já vinha tomando atitudes mais críticas às posturas norte-americanas. Neste sentido, observa-se que "a aliança tácita entre as Forças Armadas e o Itamaraty consolidou-se, mediante uma convergência cada vez maior de percepções" (MONIZ BANDEIRA, 1989, p. 256).

Declarações de altas autoridades navais já evidenciavam o ceticismo em relação à "ameaça" soviética no Atlântico Sul. O Ministro da Marinha de Geisel, Almirante Azevedo Henning, que também era chefe do Estado Maior, instituição responsável pela implantação de projetos, afirmava que o "perigo alegado (soviético), na realidade não existia". Informava igualmente que se seguiria a política traçada pelo governo e que a formação de um pacto militar era inoportuna, pois tal assunto apenas serviria para chamar atenção para "problemas de certa forma inexistentes" (ALENCASTRE,1980, p. 21).

As inúmeras declarações de chanceleres brasileiros reiteravam a clara oposição do Itamaraty sobre a proposta. Essa coerência do discurso explica-se pelo fato de que a política africana posta em prática por Geisel foi continuada pelo governo Figueiredo (1979-1985). Em 1976, ano em que se reavivou a proposta do pacto militar do Atlântico Sul, o chanceler Azeredo da Silveira afirmava enfaticamente que "não existe a possibilidade de estabelecer um sistema coletivo de segurança no Atlântico Sul, especialmente com a presença indesejável da África do Sul" (SILVEIRA apud DECUADRA, 1991, p. 94). Tal postura foi seguida por seu sucessor na chancelaria, Saraiva Guerreiro, em 1981, diferenciando a posição brasileira da norte-americana. Conforme esclarece Guerreiro (apud DECUADRA, 1991, p. 109):

> O Atlântico Sul é assunto prioritário para o Brasil, mais ainda do que para os EUA. Julgamos que a rota do suprimento do petróleo correrá perigo somente em casos extremos, como o de uma guerra mundial. E nesse caso, será provavelmente mais lógico, do ponto de vista estratégico, manter o fluxo de petróleo ocupando as áreas produtoras, nesse caso, o Atlântico Sul se transformaria em área altamente prioritária. Entretanto, nós não o encaramos do ponto de vista da ação militar, mas político. Nossa política externa, em relação àquela região, visa precisamente a criar confiança nos países do outro lado do Atlântico.

Cavagnari Filho (1987, p. 78-79) esclarece essa posição, ao asseverar que o discurso diplomático brasileiro tornou-se explícito quanto às intenções da política externa brasileira, no momento em que passou a rejeitar o *status* de potência hegemônica como condição *sine qua non* para fortalecer a presença internacional do país e passou a privilegiar a cooperação e a solução pacífica dos conflitos como metodologia. O discurso diplomático revelava uma arguta percepção da realidade brasileira e de sua capacidade estratégica limitada para influir no cenário internacional pela força. Segundo o autor, a chancelaria mantinha-se alerta sobre questões estratégicas mais sensíveis no seu entorno: "a militarização do Atlântico Sul, a nuclearização militar da América do Sul, a estabilidade político-estratégica dessas entidades geopolíticas (América do Sul e Atlântico Sul) e os ensaios de hegemonia regional por terceiros países sul americanos".

O processo interno de distensão política, "lenta, gradual e segura", posto em prática por Geisel, informava a política externa brasileira sobre o risco de se empreender movimentos incoerentes com a redemocratização, o que levava o Brasil a não retroagir em suas posições internacionais. Naquelas circunstâncias, aceitar a proposta da OTAS, que incluiria, pela pressão dos EUA, a África do Sul do *Apartheid*, significaria legitimar o regime racista sul-africano e sacrificar todo o esforço de aproximação com a África negra. (SARAIVA, 1996).

Naquela altura, a África já se afigurava econômica e politicamente relevante para o Brasil. O Atlântico Sul tornara-se "uma região de extrema importância estratégica para deixá-la sob exclusiva influência militar das grandes potências ou de poderes regionais como a África do Sul ou a Argentina" (SARAIVA, 1996, p. 205). Aceitar uma parceria privilegiada com os EUA, ideia já em franco declínio no meio militar, teria custos políticos proibitivos. Assim, a estratégia do Itamaraty foi de "neutralizar", no campo diplomático, a proposta de militarização da região, desenvolvendo esta ação nos eixos multilateral e bilateral.

Bilateralmente, o Brasil procurava, cautelosamente e assertivamente, rechaçar no discurso as pressões que se exercem por meio de insinuações de autoridades norte-americanas sobre o suposto interesse do Brasil em participar do pacto. Em março de 1982, o diretor da Seção de Assuntos Políticos e Militares do Departamento de Estados dos EUA, Richard Burt, admitia publicamente que o país mantinha conversações com autoridades brasileiras e argentinas. A Argentina foi incluída nesta estratégia bilateral, na medida em que já se formava na sua chancelaria posição contrária à defendida pelos militares favoráveis ao pacto, fator este habilmente explorado pelo Brasil (DECUADRA, 1991).

No plano multilateral, o Brasil procurava envolver habilmente os países africanos mais sensíveis ao regime do *Apartheid*. Nesta manobra, a Nigéria foi fundamental para a estratégia de fomentar a ideia de *pax* atlântica. Na posição de liderança de países africanos "moderados", o Estado nigeriano sintetizava a clara rejeição à existência de um pacto militar incluindo a África do Sul, desde finais de 1970. Pode-se afirmar que a semente da futura zona de paz no Atlântico Sul foi "plantada" pela Nigéria, encampada e levada a cabo pelo Brasil. Senegal e Angola seguiam a política brasileira, assim fornecendo ao Brasil o apoio de importantes aliados no continente africano (DECUADRA, 1991; SARAIVA, 1996). A ofensiva brasileira à África do Sul far-se-ia sentir também na Organização das Nações Unidas, em denúncias sobre o projeto sul-africano da bomba atômica.

As pressões norte-americanas para cooptar o Brasil na composição da OTAS avolumavam-se diante da empreitada brasileira de transformar o Atlântico Sul num "mar de paz". Igualmente, intensificavam-se os esforços dos militares argentinos e sul-africanos para acelerar a consumação do pacto. O Brasil mantinha

postura firme em suas declarações. Em conferência na Câmara de Comércio Afro-
-Brasileira em 1982, o chanceler brasileiro Saraiva Guerreiro (apud SARAIVA,
1996, p. 208) asseverava que

> o Brasil, como as nações em desenvolvimento na África, tem interesse em
> manter o Atlântico Sul afastado da corrida armamentista e da confrontação
> entre as superpotências. O Atlântico Sul, até hoje, constitui um oceano que po-
> deríamos considerar "desarmado". É nosso evidente interesse manter o nosso
> oceano nesse estado, dedicado essencialmente às atividades pacíficas do inter-
> câmbio comercial, econômico, cultural e humano. E esse, acredito, também é
> o interesse africano.

Dias após esta declaração, todo o entusiasmo gerado pela perspectiva de criação da OTAS desfez-se com o início do conflito bélico entre a Argentina e a Grã-Bretanha pela posse das Ilhas Malvinas/Falklands, sepultando de vez o projeto de criação do pacto militar. Para Gonçalves e Myiamoto (1993), o conflito tornava patente que a internacionalização do Atlântico Sul determinaria, sobretudo, uma maior vulnerabilidade da defesa marítima brasileira, enquanto o país não dispusesse de um dispositivo nuclear.

2.4.2 A Guerra das Malvinas e suas implicações para a segurança sul-atlântica

Àqueles que ao tempo do conflito se propuseram a avaliar as consequências imediatas da contenda nada parecia mais óbvio do que o fato de que o Atlântico Sul perdera sua condição de área de baixa tensão na conjuntura da Guerra Fria. Ainda mais surpreendente seria um conflito entre dois membros da aliança ocidental, com destacadas posições anti-comunistas. Ainda no início das hostilidades, os EUA procuraram intermediar o conflito, por meio de seu Secretário de Estado Alexander Haig, mas pressões políticas internas e seu inarredável compromisso com a OTAN fizeram-no apoiar oficialmente a Grã-Bretanha.

A crise das Malvinas, mais próxima do enfrentamento Norte-Sul, trouxe à tona a existência de pontos divergentes entre os membros latino-americanos do TIAR e os Estados Unidos. O inimigo externo, naquele momento, não era a URSS, mas um Estado no flanco ocidental (JAGUARIBE, 1985). A decisão norte-americana de fornecer apoio político e prestar toda a assistência logística a seu aliado histórico, além de decretar sanções econômicas e comerciais à Argentina, foi o fato que desferiu um golpe fulminante no desacreditado e moribundo sistema interamericano, em especial o TIAR, que, dada sua importância como sistema multilateral de defesa abrangendo o Atlântico Sul, mostrou-se absolutamente inócuo diante da situação. A crise de confiabilidade que se instalou confirmava o acerto das diretrizes de não alinhamento da política externa brasileira (MONIZ BANDEIRA, 1989).

O contencioso, a despeito da curta duração, teve óbvias implicações para a segurança da área. A razoável presença militar nas Ilhas e em seu entorno, por mais discreta que fosse, assinalava o intento britânico de não abrir mão de seu território no Atlântico Sul (AQUINO, 2008). Sobre a presença britânica, Pereira (1997, p. 27) afirma que

> o Reino Unido, malgrado a disputa com a Argentina e na suposição plausível de que uma solução definitiva para o dissídio está além do horizonte é parte integrante do Atlântico Sul e assim deve ser considerado, como de fato tem sido, nas negociações que visam à progressiva transformação dessa área em uma região integrada, pois é essa, afinal, a maneira percebida pelos países ribeirinhos do Atlântico Sul de afastar as tensões, reduzir os riscos e aumentar a segurança da região, não apenas através de medidas no campo militar, mas por meio da cooperação para o desenvolvimento.

Em face da gravidade dos acontecimentos, o Brasil optou por observar a neutralidade, optando pela solução negociada, dentro da perspectiva histórica do pacifismo e do juridicismo que orientam a ação externa do país (CERVO, 1994; LAFER, 1982). Tal neutralidade era "imperfeita", pois pendia a favor da Argentina, inclusive com apoio militar[48]. Essa solidariedade com o vizinho do sul vinculava-se à histórica defesa que o Brasil fazia do direito argentino sobre as Ilhas Malvinas/Falklands[49]. Há de se adicionar que era aconselhável manter-se neutro, pois o país desfrutava de excelentes relações também com o Reino Unido (WALSH, 1997).

A perda de confiança nos EUA como aliado veio a afetar ainda mais as relações militares e políticas com o Brasil. Conforme relata Moniz Bandeira (1989), a notícia de que os EUA intentavam instalar uma base nas Ilhas Malvinas/Falklands, a umas 40 milhas da rota do petróleo, levou militares e diplomatas brasileiros a suspeitar de que esta pretensão objetivava conter não somente a URSS, mas igualmente o Brasil. Uma consequência ainda mais grave do conflito no Atlântico Sul foi a inclusão, nos estudos do Estado Maior, de nova hipótese de guerra, admitida publicamente pelo Ministro da Aeronáutica, Brigadeiro Délio Jardim[50]. Segundo ele, a hipótese não havia sido prevista, mas poderia ocorrer "um conflito envolvendo o Brasil e um país do Bloco Ocidental, situado no hemisfério Norte, muito mais poderoso econômico e militarmente, devendo para tal o Brasil contar com seus próprios recursos" (MONIZ BANDEIRA, 1989, P. 261-163).

---

48 O apoio militar não envolveu o uso de bases nem portos brasileiros, mas a venda de dois aviões EMB-111 à Argentina. As forças argentinas não possuíam sistema de radar eficiente e os aviões brasileiros eram equipados com radar *Cutler Hammer* norte-americano, adequado ao combate antissubmarino.

49 Essa posição brasileira é sustentada desde os tempos imperiais, quando o Reino Unido ocupara pela força as Ilhas Malvinas em 1833.

50 Moniz Bandeira (1989) informa que até aquele momento, as hipóteses de guerra focavam em guerras internas ou de guerrilha, conflitos regionais com países sul-americanos (a Argentina era uma das principais), guerra fora do continente (missões expedicionárias), ataque de países comunistas e um conflito generalizado.

Um efeito imediato foi a interrupção temporária dos exercícios navais conjuntos, a UNITAS[51]. A crise criou toda sorte de desconfiança entre as forças navais sul-americanas e a Marinha Americana. Rocha (1987, p. 36), ao analisar os efeitos do contencioso das Malvinas/Falklands para as expressões do poder nacional brasileiro, especialmente o militar, chega a afirmar que a unidade da Operação Unitas "está acéfala, já que a Argentina recusa-se dela participar, em razão da presença dos EUA". A regularidade da operação seria retomada com o retorno argentino em 1985.

Estas relações mais "sensíveis" não chegavam a contaminar significativamente o diálogo diplomático. Na viagem que fez aos EUA em 1982, os presidentes João B. Figueiredo e Ronald Reagan expuseram claramente seus pontos de divergência, mas foram consensuais no interesse em evitar que o conflito das Malvinas/Falklands redundasse em instabilidade ou polarização na Argentina (MONIZ BANDEIRA, 1989). Segundo Walsh (1997), havia o risco de alastramento do conflito leste-oeste, uma vez que a URSS, presente ostensivamente no Atlântico Sul, poderia aproveitar-se da situação para intervir diretamente na contenda anglo-argentina.

Lafer (1982, p. 19) faz interessante análise sobre a condição de "paz" que se instalara no Atlântico Sul com o desfecho da crise. Segundo este autor, a vitória militar da Grã-Bretanha trouxe momentaneamente uma "paz de poder" instável, não sendo um resultado da confiança recíproca, porque "tem como nota típica a ausência de guerra e é o produto da coligação preponderante de forças que a Grã-Bretanha, com o apoio dos EUA, conseguiu mobilizar contra a Argentina". Essa "condição de paz" certamente não era interessante ao Brasil, cujo projeto de formação de área segura no Atlântico Sul deveria fundamentar-se em relações de reciprocidade e confiança.

A situação era, porém, favorável para que o Brasil avançasse suas teses de desmilitarização e transformação do Atlântico Sul em zona de paz[52]. O conflito adensou os entendimentos que se desenvolviam com a Argentina[53], trazendo para seu lado uma das principais defensoras da OTAS (ROCHA, 1987). O tom "anti-aparteísta" da política externa brasileira foi elevado, seguido de uma série de sanções como proibição de exportação de armas, petróleo e embargos culturais, artísticos e esportivos. Conforme ressalta Aquino (2008), essa "pressão"

---

51 Outra consequência, pouco referida na literatura de geopolítica, é o fato de que os EUA estabeleceram um Comando Central com base na Flórida, composto por uma Força de Intervenção Rápida, em condições de se deslocar imediatamente, em caso de necessidade. Segundo Castro (apud AQUINO, 2008), essa iniciativa resultou da grande importância geoestratégica do Atlântico e da Rota do Cabo, especificamente como trânsito para a região petrolífera do Golfo Pérsico.

52 Conforme elucida Fonseca (1993), a proposta brasileira de construção de uma zona de paz não era original. Já se observavam esforços político-diplomáticos anteriores, para se revestir de semelhante *status* várias regiões do globo (Índico, Mediterrâneo, Pacífico Sul) numa tendência para disciplinar grandes espaços vazios e para a preservação de certas áreas em relação a um hipotético conflito global.

53 A resolução das divergências sobre a construção da Hidrelétrica de Itaipú é considerada pela literatura de relações internacionais como o início da redução do drástico clima de tensão que pairava entre Brasília e Buenos Aires.

brasileira advinha da ponderação estratégica de que a posse de armas nucleares por Pretória poderia provocar um desequilíbrio de poder no Atlântico Sul. Essa pressuposição é reforçada por Myiamoto (apud AQUINO, 2008, p. 46), pois a proposta de criação de uma zona de paz supunha justamente evitar que a África do Sul se antecipasse na corrida pela posse de armas nucleares, gerando desequilíbrio regional, portanto a cooperação brasileiro-argentina poderia fazer frente a este complicador.

Em termos estratégicos, não se pode negligenciar o fato de que o Brasil chegara a Antártida em 1982, com a Criação da Comissão Nacional para Assuntos Antárticos, e mantê-la fora das tensões geopolíticas era importante, para garantir a paz no "continente gelado". O Tratado da Antártida, assinado em 1959, logrou "congelar" a miríade de reivindicações territoriais em curso desde pelo menos a década de 1950[54] e instituir um *modus vivendi* de caráter científico entre os Estados, afastando o continente antártico da corrida nuclear. Era estratégico para o Brasil estabelecer uma base científica[55] e fazer parte do seleto grupo das Partes Consultivas, com direito a voto e a voz nas reuniões (VIEIRA, 2006; 2010)[56]. Por mais que o Tratado estabelecesse a cooperação científica como fundamento, as suspeitas sobre interesses políticos e uso das estações científicas para atividades com fins militares sempre se fez presente (VIEIRA, 2006).

O intento brasileiro de instituição da zona de paz consubstanciou-se na proposta apresentada na XLI Sessão da Assembleia Geral das Nações Unidas, em1985, depois de longo processo de concertação com países latino-americanos e africanos. O então presidente José Sarney já se referia à desnuclearização do Atlântico Sul no discurso de abertura da Assembleia Geral naquele ano. Aceleraram-se as gestões para a inclusão do item Zona de Paz e Cooperação do Atlântico Sul (ZOPACAS) na pauta de discussões, o que culminaria com a aprovação da Resolução 41/11, de 27 de outubro de 1986. O Itamaraty logrou articular consenso político sobre o projeto de resolução, cuja apresentação foi feita conjuntamente por Brasil, Argentina, Uruguai, Angola, Cabo Verde, Congo, Guiné, Guiné-Bissau, Nigéria e Senegal. Desta forma, a *"pax* atlântica" instaurava-se em virtude do êxito da ação diplomática brasileira (DECUADRA, 1991; SARAIVA, 1996).

A aprovação da resolução contou com 124 votos a favor, incluindo o da URSS e o do Reino Unido, 8 abstenções e, como se deveria esperar, um único voto contrário, o dos EUA. A objeção norte-americana buscava impedir o "fechamento" da região às estratégias militares americanas, além de levantar

---

54 Historicamente, sete países – Argentina, Austrália, Chile, França, Nova Zelândia, Noruega e Reino Unido, reivindicaram porções do território, deixando cerca de 15% de sua área total livre de demandas.

55 As atividades brasileiras em relação à Antártida foram instituídas com a criação do Programa Antártico Brasileiro (PROANTAR), em 1983. A presença brasileira foi estabelecida com a instalação da base Comandante Ferraz, na Ilha Rei George, em 1985, contando com a participação de militares e civis (SILVEIRA, 2004).

56 O Brasil foi admitido como Membro Consultivo do Tratado Antártico somente em 1993.

questionamentos sobre seu contorno geográfico e o valor jurídico da Resolução[57] (MYIAMOTO, 1987; FONSECA, 1993). Esperava-se que o voto do Reino Unido seguisse o dos EUA, mas a diplomacia britânica soube aproveitar a iniciativa brasileira para afirmar o seu pertencimento à comunidade do Atlântico Sul, comprometendo-se a aceitar os direitos e obrigações inerentes às condições estabelecidas, assim como o fizeram os signatários (PEREIRA, 1997).

A formação original da ZOPACAS contou com 24 membros: o lado sul-americano, Brasil, Argentina e Uruguai; do lado africano Angola, Benin, Camarões, Cabo Verde, Congo, Costa do Marfim, Guiné Equatorial, Gabão, Gâmbia, Gana, Guiné, Guiné-Bissau, Libéria, São Tomé e Príncipe, Senegal, Serra Leoa, Togo e Zaire. Embora fosse uma vitória da região, o estabelecimento da ZOPACAS mostrava ainda vulnerabilidades, porquanto a África do Sul ainda vivia sob o regime do *Apartheid*, fato este que explica a sua adesão à Zona somente com a democratização daquele país. A manutenção do regime racial e a existência de artefatos nucleares obstruíam a possibilidade de soluções conjuntas (PEREIRA, 1997). Outro fato importante é que a Guerra Fria ainda não havia chegado a termo, o que significava que os interesses das superpotências poderiam sobrepor-se àqueles da região, sem constrangimentos.

Segundo Cavagnari Filho (1987) em termos político-estratégicos, a iniciativa diplomática do Brasil visava a distanciar a região dos conflitos internacionais, por meio da diminuição e eventual eliminação da presença militar de potências fora da área, a não introdução de artefatos nucleares e armas de destruição em massa, a não transferência das rivalidades entre as superpotências para a região e a incumbência de responsabilidades de defesa da paz no Atlântico Sul aos países ribeirinhos. Do ponto de vista diplomático, Garcia (1988, p. 117) argumenta que, malgrado a natureza essencialmente declaratória da Resolução, ela serviria como uma espécie de "escudo conceitual" para dissuadir eventuais ações militares de potências extrarregionais e igualmente para implementar, em largo horizonte de tempo, "um sistema de cooperação horizontal que salvaguardasse o uso pacífico do mar entre os Estados ribeirinhos, segundo a comunidade de interesses e a responsabilidade primordial de todos para com o hidroespaço atlântico".

Um ponto importante a assinalar no campo da segurança e da defesa foi a distinção que os militares procuraram fazer entre "desmilitarização" e "não militarização", inscrita no artigo 11 da Resolução 41/11[58]:

---

57 Para uma avaliação mais detalhada dessas discussões, ver Fonseca (1993).
58 A Resolução 41/11 completa encontra-se em anexo.

A questão da não militarização do Atlântico Sul, refere-se especificamente às atividades relacionadas às questões e interesses internacionais alheios aos da região, de maneira a não afetar de modo algum os programas de modernização e desenvolvimento tecnológico das Forças Armadas dos países da área. É importante, pois, que fique claramente entendido que o conceito de não militarização da área por países a ela estranhos não pode ser confundido com o de desmilitarização no sentido de redução da capacidade de atuação militar dos países da região.

A preocupação em explicitar esta diferença estava na possibilidade de não coibir o desenvolvimento do poder naval dos países, pois, uma proibição de tal tipo poderia comprometer o projeto de modernização da Marinha Brasileira, o qual incluía a construção de um submarino de propulsão nuclear. Para o Almirante Mario César Flores (apud PENHA, 2011 p. 188), a configuração da ZOPACAS naqueles moldes permitiria ao Brasil desenvolver certa capacidade "dissuasória", que poderia ser implementada por meio de ações navais cooperativas na região, de maneira a gerar dificuldades para a intervenção de potências extrarregionais.

Havia clara consciência das deficiências materiais que acometiam as forças navais sul-americanas e de que, no espaço geopolítico de interesse brasileiro, os EUA eram a força dominante, com capacidade suficiente para liderar e influenciar comportamentos estratégicos de países da área (CAVAGNARI FILHO, 1987). Tal observação foi feita por Myiamoto (1987), ao tecer crítica sobre a insustentabilidade do projeto como zona de paz, sem o beneplácito das grandes potências, sendo a "certeza" de sua viabilidade verdadeira apenas para os países diretamente envolvidos no acordo e no plano das "cartas diplomáticas". Neste sentido, pode-se afirmar que o Brasil buscou respaldar seus objetivos num instrumento de ordem jurídica que pudesse ter alguma validade no plano do direito internacional.

Interessante notar que a Resolução 41/11 continha elementos de segurança que transcendiam o conceito clássico do termo[59], voltado este primordialmente às questões militares. Sob o espectro do binômio segurança-desenvolvimento, o documento envolvia aspectos de cooperação política, econômica, comercial e de meio ambiente, extrapolando os aspectos puramente militares (DECUADRA, 1991, P. 170).

A ZOPACAS teve sua primeira reunião formal realizada em julho 1988, no Rio de Janeiro, para uma primeira troca de informações preliminares acerca das principais questões envolvendo as metas propostas para a área. A segunda reunião ocorreu na Nigéria, em junho de 1990, onde se recebeu o 25º membro, a Namíbia. A Terceira dessas reuniões, realizada em Brasília em 1994, notabilizou-se pela

---

59 As implicações que a Guerra Fria trouxe para os conceitos de defesa e segurança serão tratadas no capítulo 3.

adesão da África do Sul e pela constatação de que os Estados em ambas as margens atlânticas vivem "na região mais desmilitarizada do mundo". Aquele era o momento de operacionalizar a ZOPACAS (SARAIVA, 1996).

2.5 A problemática de delimitação do Atlântico Sul

A razão de não se ter proposto uma delimitação do Atlântico Sul desde o começo deste trabalho reside na dificuldade em se obter consenso entre os meios militar e diplomático sobre sua configuração, seja geográfica, seja na perspectiva de um espaço com identidade própria[60]. Não há definição precisa, universalmente aceita, dos limites sul-atlânticos (ROCHA, 1987). A própria Resolução 41/11, a despeito de ser o único diploma jurídico específico sobre o Atlântico Sul, reconhecido por uma organização internacional, somente a estabelece como uma "Zona de Paz e Cooperação"[61], mas não a faz nem com clareza geográfica, tampouco política, deixando espaço a diversas interpretações e entendimentos.

Identifica-se, contudo, alguma convergência de posição nesse sentido, podendo-se compreendê-lo como a região situada entre a costa leste sul-americana e costa africana, possuindo como limite, ao sul, o oceano glacial antártico na altura do paralelo 60º S, ponto correspondente aos limites do tratado antártico, e, ao norte, o eixo Natal-Dacar, a linha de ligação mais estreita entre a América do Sul e a África. Essa delimitação parece ser adequada ao aspecto político deste oceano, pois abrange atualmente os interesses dos países que integram a ZOPACAS, além de excluir áreas em que vigoram interações diferenciadas, a saber o Caribe, o Atlântico Norte e a Antártida (LUIS, 2010).

Por outro lado, deve-se considerar que, quando se trata de questões estratégicas, sobretudo na visão militar, o Atlântico Sul tem uma dimensão mais ampla, incluindo exatamente as áreas excluídas pela visão político-diplomática. A precisão geográfica, neste sentido, é garantida pela delimitação da área de atuação estratégica da força naval brasileira, cujas projeções se respaldam cartograficamente, sem vulnerar-se pela imprecisão denotada nas abstrações políticas (ver mapa 4).

Adota-se aqui, como delimitação abrangente da área em apreço, uma combinação das perspectivas militar e político-diplomática, para a análise que se encetará no período pós- Guerra Fria.

---

60   Essa dificuldade alcança também o meio acadêmico. Penha (2011) demonstra essa inquietação como fio condutor de seu livro "Relações Brasil-África e Geopolítica do Atlântico Sul", ao apresentar três possíveis definições para o Atlântico Sul: bacia econômica, rota marítima ou vazio de poder.

61   United Nations.General Assembly.Declaration of a Zone of Peace and Co-operation in the South Atlantic.New York: A/RES/41/11, 1986. Esta Resolução encontra-se completa em anexo.

MAPA 4 - Área de abrangência do Atlântico Sul na visão da Marinha, comparada com a ZOPACAS abaixo.

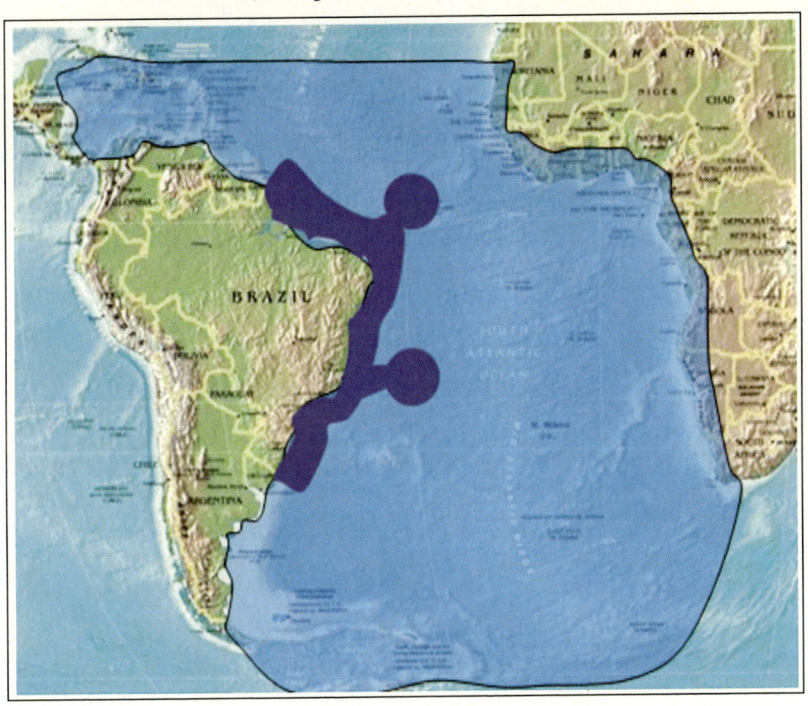

Zona de Paz e Cooperação do Atlântico Sul (ZOPACAS)

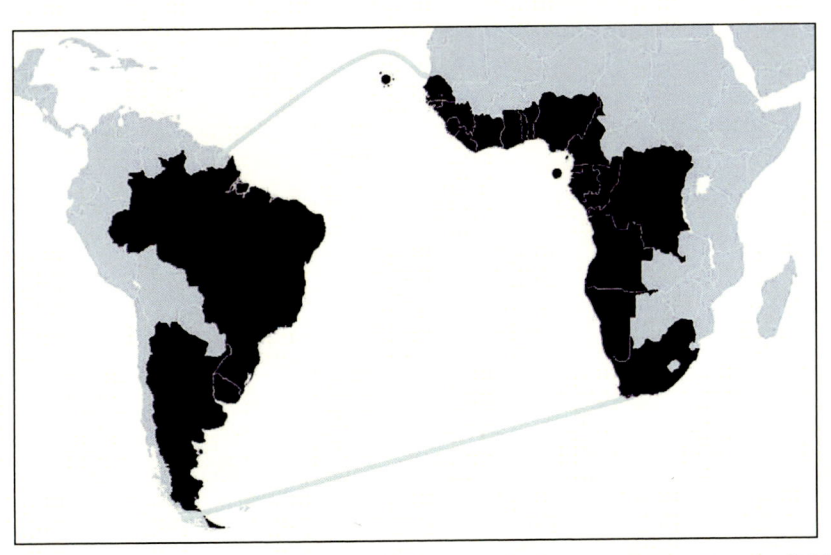

Fonte: Mapas elaborados com base em trabalho apresentado por Almirante Monteiro (2012)

2.6 Conclusões

Este segundo capítulo permitiu observar que as divergências foram a tônica das relações de segurança Brasil-EUA no Atlântico Sul, por mais que a fraternidade das armas fosse mantida e que houvesse uma parcela da Marinha Brasileira interessada em integrar um pacto de segurança no sul do Oceano Atlântico. A prevalência de divergências deve ser tributada ao patamar de desenvolvimento alcançado pelo Brasil, que não hesitou em defender seus interesses, como se evidenciou na questão do mar territorial brasileiro, mesmo quando estes se chocavam com os dos EUA, e à continuidade da reação negativa dos EUA às solicitações brasileiras de modernização de seu potencial bélico.

Houve um momento de convergência, embora efêmero e conjuntural, entre os dois atores, com relação à inconveniência da proposta sul-africana de formação de um pacto do Atlântico Sul, uma OTAS, no início dos anos 1970. Essa convergência refletia mais a visão da chancelaria brasileira do que a opinião da ala mais "ortodoxa" da Marinha. Havia igualmente uma convergência de fundo, referente à necessidade de se manter o Atlântico Sul livre de tensões, garantindo sua função primordial de "oceano de trânsito". No entanto, esse ponto de concordância não evitou que uma série de discordâncias sobre a segurança do Atlântico Sul se intensificasse a partir do governo Costa e Silva. A necessidade de atualização da frota brasileira levou o Brasil a buscar autonomia na produção e na importação de equipamento bélico, confrontando e mesmo anulando a política de equilíbrio naval estabelecida pelas autoridades norte-americanas para as Marinhas do Cone Sul.

A razão das divergências encontra-se numa visão diferenciada da concepção de segurança que, para o Brasil, não deveria dissociar-se do desenvolvimento, tão pouco estar vinculada à ideia de segurança coletiva, ao passo que para os EUA, a segurança restringia-se ao enfrentamento da "ameaça" comunista, que se traduzia invariavelmente numa resposta militar a crises. A diferença de percepção em relação à segurança do Atlântico Sul se evidencia mais claramente até a eclosão da Guerra das Malvinas, quando a proposta brasileira de formação de uma zona de paz, voltada para a cooperação e o desenvolvimento com países africanos, colidiu com a visão mais militarizada de segurança norte-americana traduzida numa segunda proposta de formação da OTAS.

Como se verá no capítulo seguinte, na esteira dos avanços dos interesses brasileiros, a estrutura bipolar do sistema internacional passaria por dramático processo de desconstrução com o colapso da URSS, trazendo assim sérios questionamentos sobre as condições políticas e de segurança do mundo pós-Guerra Fria. O Atlântico Sul manteve sua condição de oceano afastado de tensões e sua importância secundária no plano geopolítico mundial, para no início do presente século ter sua posição regional valorizada, em função da descoberta de novas reservas energéticas e da emergência econômica e política de atores regionais.

É nesse novo cenário, em que o Brasil desponta como economia emergente e no qual procura projetar seus interesses políticos e de segurança, que as relações Brasil-EUA encontram novo contexto para trabalhar a segurança do Atlântico Sul, depois de uma relativa "negligência" norte-americana com este espaço oceânico. A situação sul-atlântica é hoje mais complexa, em razão da presença de outros atores extrarregionais com interesses diversos, abrindo assim espaço tanto para cooperação quanto para o conflito entre Brasil e Estados Unidos.

3 ATLÂNTICO SUL:
questões de segurança atuais e perspectivas

Antes de entrar propriamente na análise das questões referentes ao Atlântico Sul na década de 1990 e no limiar deste século XXI, deve-se reiterar que a relação Brasil-EUA, no período em tela, representa as fases de ajustamento-afirmação propostas por Hirst (2011). Esse período corresponde a importantes transformações na relação política entre os dois atores, sobre a qual influíram mudanças internas e externas ocasionadas pelo término da Guerra Fria.

Para esta avaliação, o foco desse capítulo recairá principalmente sobre as questões políticas de "primeiro nível", conforme divisão de Hirst (2011), referentes às políticas regional e mundial de segurança internacional, que se desenvolvem em reação a eventos e crises mundiais, subordinando-se a interesses de ordem político-estratégica dos dois países. A partir daí, avalia-se a evolução do lugar que o Atlântico Sul tem ocupado nas agendas de segurança brasileira e norte-americana na atualidade. Naturalmente, far-se-á alusão às políticas de "segundo nível", identificadas em temáticas como direitos humanos, meio ambiente, imigração entre outros, quando as circunstâncias assim o exigirem.

3.1 O Fim da Guerra Fria: novo enfoque para a segurança internacional e regional

Como qualquer outro conflito de larga escala, a Guerra Fria gerou efeitos profundos sobre o desenvolvimento das relações internacionais na sua vigência e no seu após, com consequências para o destino de seus principais contendores e atores secundários. Simbolizado na queda do Muro de Berlim, em 1989, e no processo de "desintegração do monolito", para citar Kagarlitsky (1992), o fim do sistema internacional bipolar trouxe toda sorte de implicações para a reestruturação das relações político-econômicas mundiais. Por meio da estratégia do *containment*, os EUA haviam ganho a guerra, e o encerramento do conflito desencadeou um processo de transição do sistema que, a rigor, se prolonga aos dias correntes.

É especificamente neste contexto internacional de alta complexidade e imprevisibilidade que a estrutura do poder mundial tem sido sugerida como "unipolaridade", "multipolaridade" ou "unimultipolaridade". Huntington (1999) a sugere como unipolaridade, com os EUA sendo a superpotência, porém faz a observação de que a estrutura de poder mundial tem evoluído para um cenário crescentemente unimultipolar, referindo-se aos EUA como única potência militar incontrastável. Buzan (2004) contribui para a definição da estrutura de poder mundial, preferindo uma "teoria da polaridade complexa", provendo uma configuração do sistema internacional contemporâneo a partir de uma tipologia com três tipos de Estados: as superpotências, que possuem interesses globais multifacetados e são capazes de os defenderem das mais variadas maneiras, nesse caso os EUA; as grandes potências, com espectro de atuação externa com alcance global limitado ou somente em setores específicos, que, segundo Buzan (2004), seriam os casos de União Europeia, Japão, China e Rússia; e as potências regionais, cujas capacidades são fundamentais para o equilíbrio de uma região, não têm papel sistêmico relevante, mas são capazes de atuar como mediadoras entre o plano internacional e a sua zona imediata de influência, que seria o caso do Brasil. Embora não haja consenso entre os estudiosos sobre uma definição precisa da estrutura de poder contemporânea, a forma como um Estado interpreta a distribuição de poder no mundo determina em larga medida sua inserção internacional de segurança.

As expectativas otimistas de paz duradoura e de ausência de guerras no pós-bipolaridade deram lugar à eclosão de conflitos regionais étnicos, culturais e religiosos, oferecendo aos estrategistas e analistas de política internacional um desafiante exercício de presciência. A segurança assumiu novas dimensões, sendo conceitualmente alargada para incluir novas categorias passíveis de serem securitizadas[62].

Buzan (1998), em parceria com Waever e Wilde, identificou a existência de duas correntes de estudos de segurança: a tradicional, que confere primazia às ameaças político-militares externas e foca-se na sobrevivência do Estado e no uso da força; e a ampliada, que inclui não somente esta abordagem tradicional, mas as dimensões ambiental, econômica, societal e humana. Assim, com essa conceituação alargada, as ameaças poderiam emanar de diferentes áreas, não se restringindo somente ao aspecto militar[63]. Diferentemente da segurança, o conceito de ameaça não foi ampliado, pois permanece a ideia de que ela está relacionada à percepção do que constitui uma situação indesejada ou de risco para a existência de quem a percebe[64] (SAINT-PIERRE, 2003).

No novo cenário internacional, os Estados passariam a enfrentar as chamadas "novas ameaças", a saber, o crime organizado transnacional, as narcoatividades, o terrorismo internacional, as migrações internacionais, a degradação ambiental, o fundamentalismo religioso, a pobreza extrema entre outros[65]. Elas não são exatamente novas, pois sua existência, em alguns casos, pré-data o período bipolar, mas sua relevância subsumia em questões relacionadas mais diretamente com a problemática do conflito militar (LÓPEZ, 2003).

Nesse ambiente de alta instabilidade, Brasil e Estados Unidos procuraram reajustar suas políticas e prioridades externas. No bojo de redefinição do relacionamento entre os dois atores, os interesses e as questões que têm permeado o tema do Atlântico Sul na atualidade requerem uma avaliação das políticas de segurança e de defesa praticadas por Brasil e EUA desde o ocaso da Guerra Fria, e de que forma o

---

62   A expansão do conceito tem sido debatida, no âmbito acadêmico e mesmo político, desde os anos de 1970, no entanto o ambiente propiciado pela Guerra Fria não permitia espaço para o estabelecimento de novas relações com a ideia de segurança.

63   A ampliação do conceito de segurança envolve a redefinição das fontes de ameaças e dos objetos ameaçados. Esta mudança representa um retorno à concepção vigente no século XIX, quando o conceito abarcava as dimensões econômica e social, desconsideradas quando o conceito de segurança nacional adquiriu uma definição militar no século XX, particularmente durante a Guerra Fria.

64   Para um aprofundamento conceitual da noção de ameaça, ver Saint-Pierre (2003).

65   Esta lista não é exaustiva, podendo ser maior ou menor, dependendo do que o analista considera como sendo ameaça.

objeto em análise tem se inserido nas respectivas políticas. Igualmente, deve-se ter em conta o papel das burocracias nacionais, para que se entenda como o relacionamento entre os dois países é conduzido, sobretudo no concernente à segurança.

3.2 O *hegemon* em busca de afirmação e segurança: a "grande estratégia" norte-americana

Conforme afirma Pecequilo (2005, p. 241), "a Guerra Fria constituiu a consolidação do engajamento internacional norte-americano e a maturidade de sua política externa". Nesse sentido, parte-se da premissa de que os EUA têm ajustado seu papel num mundo cambiante, eventualmente incluindo novos temas, sem que se alterasse o conjunto de objetivos permanentes que compõem a sua tradição de política externa, aqui elencados sucintamente como liberdade dos mares, política de portas abertas (expansão dos interesses comerciais), controle dos fluxos financeiros, comerciais e monetários, e a proteção da integridade do país e do caráter específico de sua sociedade (MEAD apud MAIA, 2012, p. 118). De forma mais atualizada, tais fundamentos traduzem-se como garantia da paz e da prosperidade, a manutenção da estabilidade e da segurança e a promoção e defesa da democracia. No pós-Guerra Fria, Pecequilo (2005, p. 292) identifica quatro prioridades dos EUA:

1) a manutenção da liderança internacional para a preservação de um ambiente internacional estável no qual possam ser garantidas a inviolabilidade do território norte-americano e a expansão de seus interesses e valores no sistema;
2) a prevenção do surgimento de potências regionais hegemônicas na Eurásia e da emergência de conflitos internos nessa área que possam desestabilizar o equilíbrio de poder mundial e, consequentemente, a posição norte-americana;
3) o combate às ameaças transnacionais de segurança, como a proliferação das armas de destruição em massa, o terrorismo internacional, o narcotráfico, a imigração, entre outras, assegurando o bem-estar da sociedade norte-americana;
4) a disseminação da democracia e do livre mercado.

Nesse conjunto, observa-se uma recombinação de tradições, com ênfase em um grupo de temas de engajamento, priorizados para a construção da ordem norte-americana, que por seu turno ocorreu em dois períodos governamentais distintos: o governo George Bush (1989-1992), correspondente à nova ordem mundial; e a administração de Bill Clinton (1993-1999), referente à maturação da nova "grande estratégia", ou seja, o engajamento, a expansão, a consolidação e a ampliação concreta desta visão[66]. (PECEQUILO, 2005).

---

66 Para uma análise minuciosa da construção dessa ordem estadunidense, ver a obra de Pecequilo (2005).

O conceito de "grande estratégia" não conhece consenso entre seus analistas, mas de forma geral, Layne (1998, p.1) a conceitua como "o processo pelo qual o Estado combina os fins e meios na perseguição da segurança em tempos de paz". Maia (2012) esclarece que o termo tem sido adotado nos documentos elaborados no âmbito do Departamento de Defesa dos EUA, para apontar o enfoque mais amplo da política externa norte-americana em relação ao alcance dos objetivos nacionais em suas relações internacionais. Torna-se necessário, pois, compreender como as políticas de segurança e defesa dos EUA, consubstanciadas na *National Security Strategy*(NSS), são elaboradas[67].

Tais políticas são conduzidas por um conjunto de agências governamentais, com destacada atuação do Departamento de Estado, do Conselho de Segurança Nacional, o Departamento de Defesa e outros ministérios que atuam de acordo com o assunto em tela. As decisões de política externa são descentralizadas, o que ocasiona, em várias circunstâncias, a fragmentação do processo de negociação (HIRST, 2009). Não obstante, Oliveira (2010), ao realizar denodada análise do processo decisório norte-americano, observa que, por tradição, as questões de política externa e as de políticas de defesa e segurança têm sido tratadas preferencialmente, e de forma concentrada, no âmbito do Poder Executivo[68].

Ao cuidar de questões de grande vulto, o presidente apoia-se no trabalho de vasta burocracia ligada diretamente a questões internacionais "que afetem o interesse ou a segurança, real ou percebida, dos Estados Unidos" (...). A presidência realiza a condução da política externa e de segurança "por meio de um órgão de controle, o Conselho de Segurança Nacional (*National Security Council*), e de três corpos burocráticos, o Departamento de Estado, o Departamento de Defesa e as agências de inteligência" (OLIVEIRA, 2010, p. 105).

Dorff (apud MAIA, 2012, p. 122) esclarece que as NSS são desenvolvidas tendo em conta o tempo, o lugar e as personalidades envolvidas. Identificam-se as ameaças e os desafios que podem advir tanto de atores específicos no sistema internacional (estatais ou não), como podem ser embasados em desenvolvimentos e tendências em curso, e, assim, alinha-se a estratégia com a proteção e a promoção dos interesses nacionais.

Compreendido esse processo, procura-se então identificar o lugar do Atlântico Sul nas *National Security Estrategy* após o fim da Guerra Fria.

---

67   MAIA (2012, p. 121) informa que desde 1986, com a edição do *Goldwater-Nichols Department of Defense Reorganization Act*, por meio do qual o Congresso dos EUA emendou o *National Secutiry Act* de 1947, os chefes do Executivo estão obrigados a apresentar anualmente um relatório sobre a articulação da grande estratégia.
68   Para uma visão detalhada do papel de cada departamento e agência do governo norte-americano no processo decisório de política externa, sugere-se a leitura do artigo de Oliveira (2010).

3.2.1 Os mares e oceanos na "grande estratégia" norte-americana no pós-Guerra Fria: o lugar do Atlântico Sul na Estratégia de Segurança Nacional dos EUA

Numa primeira aproximação, não se detectou nas Estratégias de Segurança Nacional norte-americanas menção explicita ao Atlântico Sul, portanto o lugar deste Oceano deverá ser inferido de uma estratégia mais ampla de segurança global de mares e oceanos traçada pelos EUA. No total, desde o fim da Guerra Fria, foram produzidas treze Estratégias de Segurança nos seguintes governos: George H. W. Bush (1990, 1991 e 1993); Bill Clinton (1994, 1995, 1996, 1997, 1998, 1999, 2000); George W. Bush (2002 e 2006) e Barack Obama (2010).

No Governo George Bush (1989-1992), os relatórios enfatizam a preocupação com a manutenção de superioridade da potência americana e uma ordem favorável a sua liderança no sistema internacional, fato que se explica por este presidente ainda fazer parte do contexto da Guerra Fria. A temática dos mares e oceanos aparece vinculada a temas de segurança, de projeção do poder americano e da garantia do livre mercado. Assim, a defesa dos valores e dos interesses comuns dos EUA e seus aliados requer a presença militar norte-americana no exterior, sobretudo na Europa, na Ásia, no Pacífico e no mar. O relatório de 1990 (The White House, 1990, p. 1) afirma que

> *our location on the globe has also defined a consistent element of our security strategy. We have been blessed with large oceans east and west and friendly neighbors north and south. But many of our closest friends and allies and important economic and political interests are great distances from the United States. Therefore, in the modern era we have maintained the ability to project American power to help preserve the international equilibrium – globally and regionally – in support of peace and security.*

O tema dos mares também aparece ligado à abordagem sobre respostas às transformações regionais e aos objetivos de manutenção da liberdade total de navegação em tempos de paz e de negação do uso do mar ao inimigo em tempos de guerra. Nesse sentido, o relatório (The White House, 1990, p. 17) enfatiza que

> *the economies of the United States and its major allies depend so vitally on trade, and on the security of sea lines of communication, that we have always defined a vital interest in freedom of all seas for all nations. Our navy protects that interest. Similarly, some of our most important security relations are with nations across the oceans.*

Os relatórios de 1991 e 1993 reiteram e reforçam as disposições anteriores sobre os oceanos. O documento de 1991 enfatiza o uso do poder marítimo para assegurar o suprimento energético, com menção explícita ao petróleo. Interessante notar que nenhum dos relatórios alude à Convenção das Nações Unidas sobre o Direito do Mar (CNUDM).

Nos documentos produzidos pelo governo Clinton (1994-2000), os três do primeiro mandato (1994, 1995 e 1996), entitulados *A National Security Strategy of Engagement and Enlargement*, a preocução com os mares e oceanos aparece somente na edição de 1995, evidenciando a iniciativa do presidente Clinton de propor ao congresso a ratificação da CNUDM, reconhecendo-a como um regime equilibrado. Mais importante, ele é um regime aceitável para administrar os recursos minerais do subsolo marinho e proteger, assim, os interesses dos EUA (The White House, 1995, p. 2). O uso do poder marítimo para respostas a crises é menos enfático. O relatório de 1996 simplesmente reforça o entendimento anterior sobre a CNUMD e a conveniênvia de ratificá-la.

Os quatro relatórios do segundo governo Clinton (1997-2000), entitulados *National Security Strategy for a New Century*, enfatizam o engajamento internacional para a promoção da paz, enfatizam os entedimentos anteriores sobre a CNUDM, porém o poder marítimo aparece mais explicitamente ligado às atividades militares. Enfoca-se o comprometimento militar dos EUA com a preservação da liberdade dos mares e de sobrevoo dos oceanos. O documento de 1998 ressalta que a liberdade de navegação é considerada vital para a segurança econômica dos EUA e para o tráfego e a sustentação das forças militares norte-americanas (The White House, 1998, p. 12).

Nas duas versões da *The National Security Strategy of the United States of America*, editadas no Governo George W. Bush, há ênfase profunda nas novas ameaças advindas do terrorismo e das armas de destruição em massa, para as quais a resposta dá-se pela ação militar preventiva ou preemptiva (*preemption*). É interessante notar que os EUA são referidos como o único provedor de um bem público global, a segurança. Os mares e oceanos não são abordados expressamente, dessa forma sendo a estratégia para estes espaços encontrada em documentos específicos militares. Possivelmente, esta ausência tenha resultado de constrangimentos financeiros derivados da guerra global contra o terror, que desviou a atenção e gerou problemas orçamentários para o reforço militar naval (McDougall, 2011).

A iniciativa militar que quiçá tenha melhor expressado a preocupação com a segurança dos mares e oceanos foi o *International Sea Forum,* em 2006, proposta pelo Almirante Mike Mullen, no qual se debateu a premência de se estabelecer uma aliança entre as nações dedicadas à segurança marítima e oceânica, ampliando o escopo de temas antes focado em guerras de agressão, para incluir, agora, a pirataria, o contrabando, o tráfico humano, a imigração ilegal e o transporte de armas de destruição em massa. Tal aliança foi nomeada por Mullen de *"A Thousand Ship Navy"*, com a ideia de assegurar os chamados *global commons* (McDougall, 2011). Já no ano seguinte, o Corpo de Fuzileiros Navais e a Guarda Costeira passaram a patrocinar a *"Cooperative Strategy for 21st Century Seapower"*, focada na geografia, nos inimigos e nas armas atuais, para tempos de paz e guerra, algo parecido com a estratégia adotada na década de 1980[69].

---

69 A estratégia marítima da década de 1980, segundo Hurth (apud McDougall, 2011) definia três dimensões: o inimigo, com foco para a URSS; a geografia, que indicava os lugares de contenção da ameaça comunista; e as armas para a dissuasão.

A mais recente Estratégia de Segurança, publicada no Governo Barack Obama em 2012, explicita a necessidade de assegurar os EUA contra ameaças transnacionais, e a temática dos mares e oceanos vincula-se ao uso da força militar e à salvaguarda de bens globais, estes considerados bens públicos universais – o ar, o mar, o espaço exterior e o espaço cibernético – que não são controlados nem são propriedade de nenhum indivíduo, mas que são essenciais à vida. O documento ressalta o compromisso dos EUA com a garantia das capacidades necessárias em todos os domínios: terra, ar, mar, espaço e ciberespaço. Prevê-se igualmente o auxílio aos aliados para a ampliação de suas capacidades de autodefesa e de cumprimento de responsabilidades com a segurança regional e global (The White House, 2012, p. 22). Interessante notar que o documento também defende o esforço de ratificação da CNUDM.

Em relação aos bens globais (*global commons*), ressalta-se a necessidade de cooperar com aliados para aperfeiçoar o uso compartilhado do mar. A Estratégia de Segurança da administração Obama (The White House, 2012, p. 22) afirma que

> *we must work together to ensure the constant flow of commerce, facilitate safe and secure air travel, and prevent disruptions to critical communications. We must also safeguard the sea, air, and space domains from those who would deny access or use of them for hostile purposes. This includes keeping strategic straits and vital sea lanes open, improving the early detection of emerging maritime threats, denying adversaries hostile use of the air domain, and ensuring the responsible use of space.*

Em suma, percebe-se que os governos republicanos enfocam o tema dos mares e oceanos a partir da ideia de projeção de poder, sobretudo no aspecto da segurança militar. Por outro lado, as administrações democratas enfatizam ações multilaterais e cooperativas na garantia da liberdade e do acesso aos mares e oceanos.

Torna-se patente também que os mares são vitais para a prosperidade dos EUA, seja no comércio, seja na forma de fonte de energia. Pode-se observar que o Atlântico Sul está "diluído" na estratégia que os EUA traçam para os mares e oceanos, e sua importância eleva-se ou diminui, na medida em que o espaço sul-atlântico esteja vinculado à segurança norte-americana.

3.3 A inserção internacional de segurança do Brasil no pós-Guerra Fria

Com o fim da Guerra Fria e o retorno à democracia, o Brasil procurou inserir-se no cenário de segurança internacional lançando mão de uma agenda positiva diante das expectativas dos EUA, em particular em questões relativas à adesão a regimes internacionais de não proliferação de armas de destruição em massa, principalmente ao TNP[70]. Projetou sua ação em missões de paz sob a égide da

---

70   O Brasil assinou a Convenção para a Proibição das Armas Biológicas e Convenção sobre Armas Químicas, em 1993. Seguindo este curso, o país ratificou o Tratado de Tlatelolco em 1994, que proscreve as armas nucleares na América Latina, e, no mesmo ano, adotou as diretrizes do Regime de Controle da Tecnologia de Mísseis.

ONU, bem como propôs sua candidatura a membro permanente do Conselho de Segurança em 1994. Isso não impediu que os dois países expressassem posições divergentes em uma ampla gama de questões no âmbito daquela instituição, com destaque para o desarmamento, para os direitos humanos e, mormente, para os debates acerca da reforma do Conselho de Segurança (CERVO, 2002).

Regionalmente, houve um gradual desengajamento dos EUA com o hemisfério, restando, contudo, um campo de preocupação tradicional e que assumia uma dimensão bem maior e de possível cooperação: o combate ao crime transfronteiriço. A este seria adicionado o problema do terrorismo com os ataques de 11 de Setembro de 2001. Em termos de preocupação com a segurança hemisférica, Saint-Pierre (2010) informa que se decidiu manter o TIAR, mesmo inoperante, e propôs-se uma agenda hemisférica de segurança, com uma resposta militarizada a todos os problemas. Conforme alude Soares e Silva (2012, p. 65), sob forte pressão dos EUA, "o países latino-americanos foram convidados a renunciar às missões tradicionais das Forças Armadas, de defesa da soberania nacional e da integridade territorial, para transformá-las em forças de polícia, sob a doutrina americana de "policialização" das questões de segurança".

Os militares não se afastaram completamente das discussões sobre segurança e defesa como se supõe ter acontecido após o fim do regime militar, com a redefinição do papel das Forças Armadas sob governo civil democrático brasileiro. Houve, de certa forma, preeminência da diplomacia nas questões de segurança internacional. Cervo (2002, p. 469; 2009) informa que, inspirado por um idealismo de corte kantiano e grotiano, "o Itamaraty apropriou-se da doutrina de segurança e da política de defesa, deprimindo o papel das Forças Armadas nessa área", distanciando-se do realismo das relações internacionais, ao separar dois campos estratégicos.

Essa interpretação deve ser tomada com cautela, pois é exagerada a tese de apropriação completa das políticas de segurança e defesa pelo Itamaraty. Por exemplo, a segurança da Amazônia e do Atlântico Sul tem sido uma preocupação permanente dos militares brasileiros que, mesmo tendo seu papel político reduzido significativamente, têm devotado atenção denodada a estas duas áreas e sido chamados a opinar sobre suas condições de segurança. É praticamente unânime entre os militares a opinião de que as questões de segurança e defesa das duas áreas mencionadas têm recebido pouca atenção pela Chancelaria brasileira, sem sequer haver uma política externa consistente para as duas áreas[71].

Como observa Cervo (2002), a política externa brasileira desqualificou a força como meio de ação em favor da persuasão e, na visão da chancelaria brasileira, a política de segurança deveria subordinar-se ao processo de integração regional, não somente como elemento de reforço fundamental ao seu êxito, mas também como fortalecimento do poder exigido para atuar num mundo de interdependência econômica global.

---

71   Informação obtida a partir das entrevistas realizadas, porém respeita-se aqui a solicitação de sigilo da fonte.

Diferentemente dos EUA, é notoriamente baixa a articulação entre política de defesa e política externa no Brasil (ALSINA JÚNIOR, 2009). Um argumento clássico realista postula que Estados que ambicionam um lugar mais destacado na política internacional procuram construir uma capacidade militar condizente com suas ações no plano diplomático. Nesse sentido, diplomacia e defesa são duas facetas na competição geopolítica dos países. Nos ensinamentos de Raymond Aron (2002), se a diplomacia é a arte de convencer sem o uso da força, estratégia é a arte de vencer ao menor custo. O autor observa que "estes dois termos são aspectos complementares da arte única da política, a arte de conduzir as relações com outros Estados para alcançar o 'interesse nacional'" (ARON, 2002, p. 24).

Alsina Júnior (2009) informa que a tênue articulação entre os dois campos adveio da nula contribuição da defesa à atuação externa do Brasil e da orientação eminentemente endógena da função da defesa. Fatores ideacionais e doutrinários próprios de cada instituição concorreram para reforçar esse vácuo de sinergia, resultando, na prática, na monopolização das funções externas pela diplomacia. Em suma, essa fraca articulação foi autoalimentada. "O pacifismo e o jurisdicialismo característicos da política externa conduzida pelo Itamaraty estariam fundados, ao mesmo tempo, numa identidade conciliatória e numa concepção realista a respeito da incapacidade de projeção internacional do poder militar brasileiro" (ALSINA JUNIOR, 2009, p. 83). Ressalta-se que esta ausência de coordenação manifesta-se igualmente entre as três forças singulares do Estado, a Marinha, o Exército e a Aeronáutica.

Lima (2010) ressalta que a articulação entre diplomacia e defesa é dada pela existência de uma "definição política do Estado", que não somente especifique os objetivos internacionais na esfera externa, mas também estabeleça mecanismos institucionais que promovam a articulação e a coordenação entre as burocracias incumbidas das funções militar e diplomática no plano internacional.

Embora o controle do processo decisório ainda esteja concentrado no Itamaraty, Cervo (2002; 2009) observa que houve um retorno ao realismo, pela iniciativa do presidente Fernando Henrique Cardoso de corrigir a "ilusão kantiana" da chancelaria brasileira em termos de segurança e defesa. Nesse sentido, amainou-se esse idealismo com a elaboração de um documento de defesa, a Política de Defesa Nacional (PDN), em 1996, que, por seu turno, abriu espaço para a criação do Ministério da Defesa em 1999[72].

Ao esmiuçar os meandros políticos da elaboração da PDN, Alsina Júnior (2003, p. 64-69) ressalta que coube à Secretaria de Assuntos Estratégicos, chefiada então por um diplomata, a liderança da produção da PDN. Houve igualmente intensa participação do Ministério das Relações Exteriores em detrimento das

---

72 Segundo Soares e Silva (2010), a principal motivação da criação do Ministério da Defesa e da PDN era criar condições para o controle civil dos militares e reduzir a autonomia da corporação e, consequentemente, diminuir a independência de cada uma das Forças nas decisões corporativas e no uso dos meios de defesa. Essa ação era parte das recomendações feitas à época sobre a necessidade de ajuste estrutural e de mudança institucional nos países latino-americanos.

Forças Armadas[73], cuja falta de posição comum sobre o documento foi responsável pela sua baixa participação no processo. Silva (2012, p. 65) sugere o peso desta "culpa" à larga crise de identidade e de autoconfiança que acometia as Forças Armadas, no momento em que a definição de seu papel no governo democrático estava sendo discutido.

Apesar da tortuosidade do processo de elaboração da PDN, deve-se ressaltar que o maior mérito da iniciativa foi proporcionar o primeiro documento de defesa na história do país e de fundamentar, embora de maneira abrangente, uma atuação exterior de militares e diplomatas em questões de segurança. A PDN de 1996 foi revista e ampliada, dando origem a uma nova PDN em 2005, incorporando novas percepções sobre o lugar do Brasil no sistema internacional. Complementando este esforço, aprovou-se a Estratégia Nacional de Defesa (END), em 2008, representando notável avanço em termos de planejamento estratégico em defesa e segurança no Brasil, e a elaboração do Livro Branco de Defesa Nacional (LBDN) em 2012.

Compreendidas estas particularidades das condições de formulação das políticas de segurança internacional e de defesa brasileiras, analisar-se-á o lugar do Atlântico Sul nos documentos de defesa brasileiros, ressaltando os contextos nacional, regional e internacional de formulação desses documentos.

3.3.1 O Atlântico Sul na Política de Defesa Nacional, na Estratégia Nacional de Defesa e no Livro Branco de Defesa Nacional

Pelos menos até a elaboração da primeira PDN, o Atlântico Sul teve um lugar pouco privilegiado no centro dos debates políticos sobre defesa e segurança, relativamente mais importante no meio acadêmico, e objeto certamente de indubitável relevância no meio militar, em especial para a Marinha brasileira, em função de ser seu teatro de atuação por excelência. Mesmo dentro dessa Arma, as monografias produzidas no âmbito da Escola Superior de Guerra e da Escola de Guerra Naval apresentam uma notável ausência de originalidade, resumindo-se a um exercício de repetição e de reafirmação de conclusões passadas, sem sinais promissores de ineditismo analítico. Isso se explica possivelmente pela importância atribuída às questões continentais (segurança amazônica e processo de integração sul-americano) e pela monopolização da política externa para a região sul-atlântica pela Chancelaria brasileira, cuja visão se pauta pela manutenção do Atlântico Sul como zona de paz e cooperação[74].

---

73 A frouxidão das concepções referentes ao Atlântico Sul na PDN de 1996 recebeu fortes críticas do meio militar por seu afastamento da realidade. O Almirante Mario César Flores (2002, p. 95) avalia a formulação do documento por militares e servidores "compreensivelmente influenciados por concepções doutrinárias, corporativas e/ou funcionais consolidadas ao longo de muito tempo, no vácuo proporcionado pela apatia política e societária, pela apatia das instituições e dos instrumentos representativos da política e da sociedade (...) cujo resultado foi uma política imprecisa como orientação, um conjunto de objetivos, conceitos e valores praticamente óbvios, de consenso fácil, válidos para qualquer país médio não fundamentalista".

74 Essa inquietação com o desinteresse atribuído à segurança do Atlântico Sul, bem como com os meios de defesa para assegurá-la, foi expressa por um representante da Marinha durante o intenso debate que se encetou no início dos anos 2000 sobre o lugar do Brasil no cenário de defesa e segurança internacional, de iniciativa do Ministério da Defesa. Esse representante chamava a atenção para a necessidade de se atribuir mais importância aos espaços marinhos sul-americanos, que estariam sendo subestimados por analistas e formuladores de política (PINTO et al, 2004).

Essa visão do Atlântico Sul, menos relacionada à defesa e mais ao papel da diplomacia, transparece na primeira versão da PDN de 1996, em três momentos: na configuração do quadro internacional, na orientação estratégica e nas diretrizes. No conjunto dessas três áreas, o Atlânico Sul aparece como uma área do espaço regional que extrapola a massa continental sul-americana e é definido como zona de paz e cooperação resultante de uma ação diplomática positiva e concreta, que contribui na conformação de "um verdadeiro anel de paz em torno do País, viabilizando a concentração de esforços com vistas à consecução de projeto nacional de desenvolvimento e de combate às desigualdades sociais" (PDN, 1996).

O mais interessante é que a primeira PDN privilegia a ação diplomática como primeira linha de defesa em detrimento desse papel que se atribui constitucionalmente às forças Armadas. Ela determina expressamente que "a vertente preventiva da defesa brasileira reside na valorização da ação diplomática como instrumento primeiro de solução de conflitos e na existência de uma estrutura militar de credibilidade para gerar efeito dissuasório eficaz" (PDN, 1996).

A vaguidão desta primeira PDN cedeu lugar a uma visão mais condizente com as tendências observadas no plano internacional, na versão de 2005, e que se repete na atual Política Nacional de Defesa (2012), aprovada em 2013. Esta PDN (2005) e a atual PND (2012) diagnosticam a ordem internacional como assimétrica e unipolar no campo militar, com potencial para produzir tensões e instabilidades para a paz, e ressalta a vulnerabilidade dos Estados às "novas ameaças". Dessa forma, o documento desmitifica a condição idílica de segurança externa brasileira e de posição geopolítica privilegiada, para por-lhe realisticamente como área suscetível à disputa mundial por áreas marítimas e recursos naturais (PDN, 2005; PND, 2012).

Embora ainda seja mantida sua posição como área de projeção para além da massa continental do subcontinente e como zona de paz e cooperação, o Atlântico Sul torna-se área prioritária para a defesa nacional, ao lado da Amazônia. Isso se explica em função de sua importância estratégica como fonte de recursos energéticos (petróleo e gás) e pesqueiros, via marítima comercial e como fronteira brasileira a ser reconhecida internacionalmente, nesse caso referindo-se implicitamente ao pleito brasileiro pela extensão de sua área de jurisdição marítima sobre a chamada "Amazônia Azul"[75] (PDN, 2005). Esse conceito, exposto pelo Almirante Roberto de Guimarães Carvalho[76], tem sua importância estratégica vinculada à riqueza de recursos energéticos, minerais e biológicos, e à dimensão territorial do espaço marítimo brasileiro.

A importância que se tribui ao Atlântico Sul na PDN II vincula-se à valorização do espaço marítimo como fonte supridora de insumos energéticos, à luz da descoberta de novas reservas de gás e petróleo na Bacia do Pré-Sal. Um fato que contribuiu para uma abordagem mais realista do Atlântico Sul nesta PDN foi a submissão da proposta de extensão do limite exterior da plataforma continental brasileria à Comissão de Limites da Plataforma Continental da ONU em maio de 2004 (SILVA, 2013). A proposta pleteia a ampliação de duas faixas da costa brasileira, que juntas

---

75   Em valores, os principais recursos existentes na "Amazônia Azul" são: 82% da produção petrolífera provêm do mar, com aproximadamente 2,08 milhões de barris/dia; 90% das reservas totais de petróleo e 67% das de gás estão no mar; são aproximadamente 120 plataformas petrolíferas, 150 embarcações de apoio e 98 navios-petroleiros; há, em regime de rodízio, mais de 30 mil pessoas vivendo nas bacias petrolíferas localizadas entre 80 km e 270 km de terra.

76   Entrevista concedida à Folha de São Paulo em 11 de maio de 2005.

totalizam 953.525 km². Essa área se distribui principalmente nas regiões Norte (região do Cone do Amazonas e Cadeia Norte Brasileira), Sudeste (região da cadeia Vitória-Trindade e platô de São Paulo) e Sul (região de platô de Santa Catarina e cone do Rio Grande). Nesses termos, a área oceânica brasileira totalizaria 4.400.000 km², correspondendo, aproximadamente, à metade da área terrestre (ver mapa 5).

MAPA 5 – Área da "Amazônia Azul"

Fonte: Imagem disponível na Internet em www.wikipedia.org

Desde abril de 2007, a Comissão de Limites da Plataforma Continental da ONU (CLPC) autorizou o Brasil a incorporar 712 mil km² de extensão de plataforma continental. As recomendações da CLPC não atenderam plenamente o pleito brasileiro[77]. Do total da área reivindicada pelo Brasil, a CLPC não concordou com cerca de 190.000 km², ou seja, 20% da área estendida além das 200 milhas. Essa não aceitação integral da reivindicação brasileria não impediu que o país assegurasse seus direitos sobre a área em questão. Por ato unilateral, a Resolução nº 3 da Comissão Interministerial para Recursos do Mar (CIRM), de 26 de agosto de 2010, deliberou sobre o direito do Estado brasileiro de avaliar previamente os pedidos de autorização para a realização de pesquisa na plataforma continental brasileira além das 200 milhas marítimas.

Independentemente da consecução integral do pleito, a responsabilidade pela defesa da área atualmente sob juridição brasileira já exige esforço de mobilização, de reorganização e de modernização da força naval brasileira, ações que a END se incumbe de planejar, além de reforçar o que se detemina na PDN para o Atlântico Sul. Nesse sentido, a END (2008, p.10) estabelece que

> a análise das hipóteses de emprego das Forças Armadas - para resguardar o espaço aéreo, o território e as águas jurisdicionais brasileiras – permite dar foco mais preciso às diretrizes estratégicas. Nenhuma hipótese de emprego pode, porém, desconsiderar as ameaças do futuro[78].

O Atlântico Sul aparece como "as preocupações mais agudas de defesa", ao lado do Norte e do Oeste do país, para tal devendo-se adensar a presença de unidades da Marinha nas águas jurisdicionais brasileiras e desconcentrar a força naval brasileira localizada principalmente na cidade do Rio de Janeiro (END, 2008, p. 13-14). O aspecto mais importante, em termos geopolíticos, é a consideração que a END faz sobre a eventual degeneração do quadro internacional e sobre ameaça de um conflito armado no Atlântico Sul.

No aspecto operacional, caberão à Marinha a negação do uso do mar, o controle de áreas marítimas e a projeção de poder, focando na 1) defesa pró-ativa das plataformas petrolíferas; 2) defesa pró-ativa das instalações navais portuárias, dos arquipélagos e das ilhas oceânicas nas águas jurisdicionais brasileiras; 3) prontidão para responder à qualquer ameaça, por Estado ou por forças não convencionais ou criminosas, às vias marítimas de comércio; e 4) capacidade para participar de operações internacionais de paz, fora do território e das águas jurisdicionais brasileiras, sob a égide das Nações Unidas ou de organismos multilaterais da região (END, 2008, p. 20).

---

77   Das áreas pleiteadas, somente o platô de São Paulo foi aceito integralmente pela ONU.
78   Segundo a END, as hipóteses de emprego são provenientes da associação das principais tendências da evolução das conjunturas nacional e internacional com as orientações político-estratégicas do país.

O desdobramento desta grande responsabilidade que se atribui à Marinha consubstancia-se em dois ambiciosos programas que visam dotar a força naval brasileira de meios adequados para a vigilância e a proteção das águas jurisdicionais brasileiras e, mormente, atender ao objetivo primordial de garantir a autonomia estratégica da Marinha: o Programa de Obtenção de Meios de Superfície (PROSUPER) e o Programa de Desenvolvimento de Submarinos (PROSUB). O PROSUPER visa à construção de cinco navios-patrulha oceânicos, cinco fragatas polivalentes e um navio de apoio logístico, além do desenvolvimento de capacidade tecnológica para projetar modernas belonaves no Brasil. O PROSUB é umas das células de fabricação do primeiro submarino brasileiro de propulsão nuclear e de mais quatro submarinos convencionais diesel-elétrico da classe *scorpène*, cuja consecução se desenvolve em parceria com a França por meio de acordo de cooperação e transferência de tecnologia firmado em 2008.

É forçoso observar que tanto as duas versões da PDN, e a atual PND, quanto aquelas da END mostram uma grave debilidade, ao não oferecer uma definição precisa de Atlântico Sul, deixando espaço para interpretações diversas do seu significado, e mesmo causando certa dicrepância entre aquilo que se dispõe oficialmente como área estratégica nas PDNs e nas ENDs e aquilo que a Marinha entende como sua área de atuação. Como informa Moura Neto (2010, p. 452), na Estratégia Militar de Defesa, o Oceano Atlântico Sul está definido "do paralelo 16ºN até o Continente Antártico, abrangendo as margens oeste da África e leste da América do Sul", extrapolando o Atlântico Sul geográfico, dado que o Brasil possui território e águas jurisdicionais acima do Equador e por conta dos interesses diplomáticos, econômicos e estratégicos.

Ainda nos esclarecimentos de Moura Neto (2010, p. 461), pelas próprias características da Força Naval, o Plano Estratégico da Marinha, vigente desde 2001, estabeleceu uma definição global das áreas marítimas estratégicas de maior relevância para o emprego do Poder Naval brasileiro, a saber: Área Vital: a Amazônia Azul (mar teritorial, zona contígua, zona exclusiva e plataforma continental); Área Primária: a região abrangida pelo Atlântico Sul, por envolver questões essenciais de interesse nacional; Área Secundária: Mar do Caribe e a parte oriental do Pacífico, em razão de receber prioridade da política externa brasileira; e Demais Áreas do Globo: participação em operações de paz, em exercícios e operações com outras Marinhas e em apoio à política externa em qualquer dos oceanos.

O Livro Branco de Defesa Nacional (2012) não apresenta informação adicional sobre o Atlântico Sul, restringindo-se a reiterar alguns pontos contidos na PDN e na END, definindo-o como zona de paz e ressaltando sua importância como elo com os países africanos e como rota marítima e fonte de recursos a ser afastado de disputas internacionais. Tal abordagem deixa transparecer novamente a visão da chancelaria brasileira para a área, sendo silente sobre os interesses brasileiros mais amplos e conexos com o Atlântico Sul.

Um ponto fundamental, de grande valor estratégico pelos desdobramentos que gera para a segurança sul-atlântica, e mencionado vagamente nos documentos de defesa, é a questão da Antártida. Sua relevância está além de interesses meramente científicos, normalmente enfatizados nos discursos oficiais. O futuro do continente antártico é parte de um contexto mais amplo e complexo, que permite analisar mais detidamenteas decisões de países com crescente interesse no Atlântico Sul, e que, à primeira vista, parecem justificar-se por variáveis circuntanciais e razões conjunturais de curto prazo, como o combate à pirataria e ao terrorismo, porém que projetam interesses de médio/longo termo.

O Tratado da Antártica (1959), previsto para durar 30 anos, foi renovado e fortalecido pelo Protocolo de Madri em 1991, adiando na prática qualquer discussão sobre outras formas de uso do território antártico, que não exclusivamente científicos, até 2048. Conforme avalia Vieira (2006, 2010), o Tratado teve o mérito de manter o continente antártico como um espaço não territorializado, mas paradoxalmente traz na sua origem a própria perspectiva territorialista, uma fragilidade estrutural que não eliminou o espectro das reivindicações territoriais (ver mapa 6). O artigo 1º prevê que "a Antártica será utilizada somente para fins pacíficos. Serão proibidas, *inter alia*, quaisquer medida de natureza militar, tais como o estabelecimento de bases e fortificações, a realização de manobras militares, assim como experiências com quaisquer tipos de armas". As demandas territoriais históricas na Antártida são reconhecidas expressamente no artigo 4º do Tratado, que estabelece que:

1. Nada que se contenha no presente Tratado poderá ser interpretado como:

    a) Renúncia, por quaisquer das Partes Contratantes, a direitos previamente invocados ou a pretensões de soberania territorial na Antártica;

    b) Renúncia ou diminuição, por quaisquer das Partes Contratantes, a qualquer base de reivindicação de soberania territorial na Antártica que possa ter, quer como resultado de suas atividades ou de seus nacionais na Antártica, quer por qualquer forma;

    c) Prejulgamento da posição de qualquer das Partes Contratantes quanto ao reconhecimento dos direitos ou reivindicações ou bases de reivindicação de algum outro Estado quanto à soberania territorial na Antártica.

2. Nenhum ato ou atividade que tenha lugar, enquanto vigorar o presente tratado, constituirá base para proclamar, apoiar ou contestar reivindicação sobre soberania territorial na Antártica ou para criar direitos de soberania na Antártica. Nenhuma nova reivindicação existente, relativa à soberania territorial na Antártica, será apresentada enquanto o presente Tratado estiver em vigor.

Estes artigos 1º e 4º, as pedras fundamentais do Tratado, têm sido desafiados, e suscitam-se dúvidas sobre o compromisso dos Estados signatários com a integridade do continente antártico, principalmente diante da perspectiva de revisão do seu status. Como informa Vieira (2006, p. 67), "passaram a emergir, por parte de países aderentes, reivindicações implícitas e explícitas, o que, no caso dos países sul-americanos, põe em oposição interesses importantes entre eles próprios e quanto a outros países do mundo".

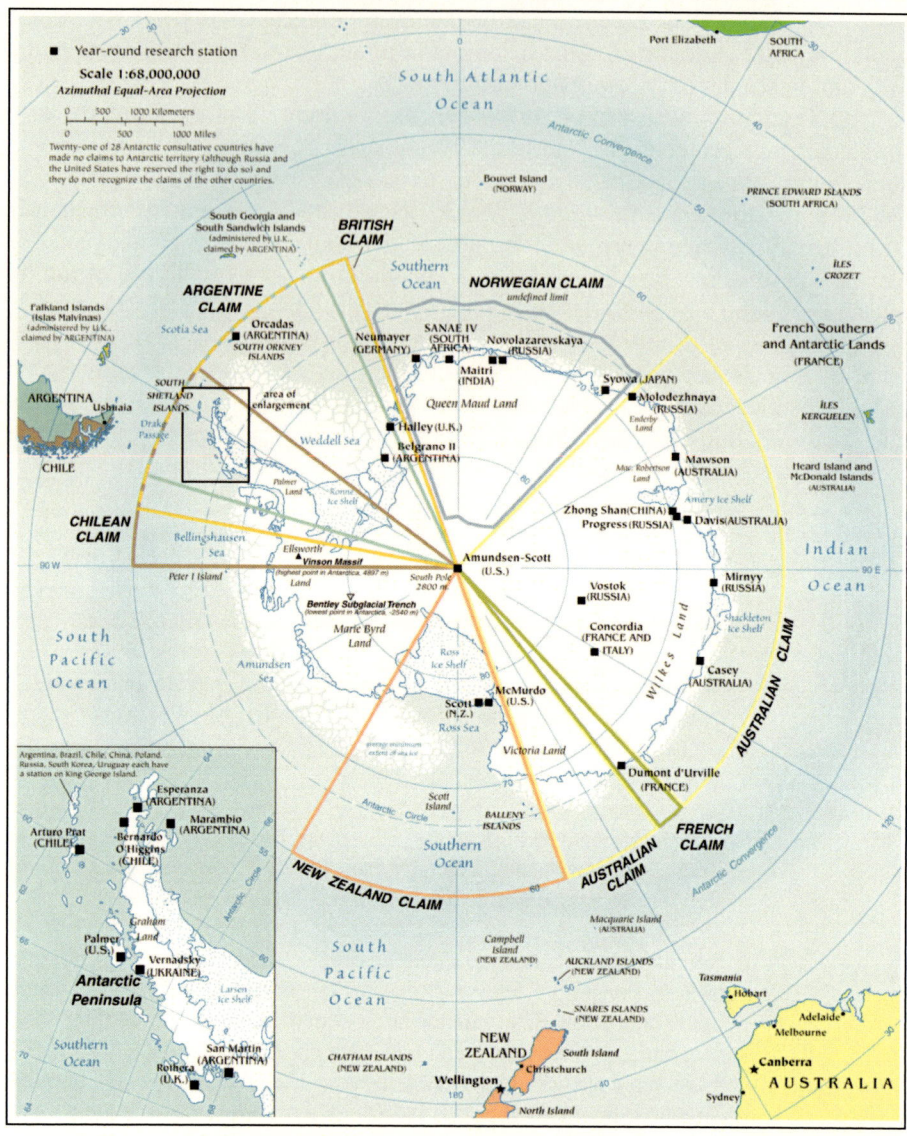

MAPA 6 – Reivindicações territoriais sobre a Antártida

Fonte: Imagem disponível na Internet em www.wikipedia.org

De fato, países de reivindicação antiga como Argentina e Chile denominam suas bases de pesquisa no continente de "bases militares", além de manter tropas permanentes nessas instalações. Uma evidência mais convincente da fragilidade do Tratado foi a operação militar conjunta das Forças Armadas desses dois países na Antártida, em 2008, mesmo que o exercício tenha sido justificado como simples congraçamento das tropas (VIEIRA, 2010).

Para Silveira (2004, p. 3), o "ponto nevrálgico" na questão antártica é a exploração dos recursos minerais e energéticos na região, "podendo criar uma revisão do Tratado por causa dos interesses econômicos"[79]. A problemática é adensada sob o prisma geopolítico, quando se considera a crescente demanda por extensão de plataformas continentais. Países como Reino Unido e Noruega realizaram a definição de suas águas territoriais em espaço além da latitude de 60° Sul, contrariando as disposições do artigo 4º do Tratado da Antártica, que estabelece que todo o espaço entre aquele paralelo e o Polo Sul está sob jurisdição do Tratado e não pode ser territorializado (VIEIRA, 2010).

Os interesses brasileiros na Antártida são políticos: a possibilidade de instabilidades regionais oriundas de problemas reivindicatórios dos Estados envolvidos; científicos: importância do clima, da fauna e flora marítimas; e estratégicos: a posição do continente como ponto de confluência de três oceanos, o Atlântico, o Índico e o Pacífico. Estes interesses estão explicitados na Política Nacional para os Assuntos Antárticos (POLANTAR) de 1987 (SILVEIRA, 2004).

Com propriedade, Vieira (2010) observa que o Tratado Antártico tem-se transformado gradualmente num sistema de poder, debilmente congelando tensões não resolvidas, que demandará instrumentos necessários para sua continuidade. A face dessa política de poder é evidenciada no Protocolo de Madri, em cujo quinto anexo se prevê a demarcação de zonas onde a entrada é proibida ou restringida. O aspecto mais grave dessa delimitação de zonas é que ela não se dá no âmbito de um organismo multilateral global, mas está sendo decidida por um conjunto seleto de países signatários, que não representam os interesses de todo o planeta e agrupam os sete países que oficialmente reivindicam parcelas do território antártico.

Todas essas considerações abrem espaço para indagações sobre eventos em curso no Atlântico Sul. É necessário, pois, levar questões atuais como a reativação da IV Esquadra norte-americana em 2008 e o recente referendo sobre a manutenção da soberania britânica das Ilhas Malvinas/Falklands para além de motivações conjunturais imediatas e colocá-las numa perspectiva de futuro próximo. Tais questões também lançam luz sobre objetivos não declarados nos documentos de defesa brasileiros. Torna-se patente que o futuro da Antártida está estreitamente vinculado ao destino da ZOPACAS em razão de seu valor estratégico, ecológico, científico e econômico.

Os documentos não deixam dúvida sobre a importância capital que o Atlântico Sul possui para o Brasil, por mais difusas que as informações sejam. As preocupações que se demonstram com as condições de segurança e de estabilidade da área levam em conta as mudanças político-econômicas pelas quais o espaço sul-atlântico tem passado e as perspectivas que se abrem para esta região, em função de seu reposicionamento no plano geopolítico mundial.

---

[79] Pesquisas geofísicas recentes revelaram a ocorrência de aproximadamente 170 minerais, dentre os quais urânio, ouro, prata, ferro e carvão, e indicam também a existência de apreciáveis lençóis de gás natural e petróleo.

3.4 Interações e evolução da situação securitária no Atlântico Sul no Pós-Guerra Fria

Com o desaparecimento da URSS, a proclamada "ameaça" comunista se desvanecia e com ela todo o risco de envolvimento do Oceano Atlântico Sul no conflito bipolar. A posição geoestratégica relativamente importante que este Oceano ocupava na estratégica norte-americana foi sendo gradativamente obliterada, na medida em que os acontecimentos no continente europeu descortinavam um novo horizonte geopolítico para os EUA. Em termos geopolíticos, o Atlântico Sul voltava à sua condição de "golfão excêntrico" e de tradicional "oceano de trânsito".

O fim da ameaça comunista não gerou uma condição imediata de segurança. O principal mecanismo multilateral de defesa, o TIAR, subsistia mais como relíquia da Guerra Fria do que como sistema eficaz e confiável de defesa. A própria ZOPACAS, cuja razão de ser havia sido a construção de um espaço autônomo para afastar conflitos estranhos à região, ainda caminhava para a consolidação.

A continuidade do regime apartheísta e a manutenção do programa nuclear sul-africano mantinham vivo o espectro da insegurança regional. Mesmo o Brasil ainda mantinha em curso seu programa nuclear militar paralelo, até que o presidente Fernando Collor anunciasse seu fim, em 1991, em face dos imperativos da construção de um ambiente de confiança mútua com a vizinha Argentina, como uma variável chave da política de segurança brasileira. A passagem do poder aos civis estimulou a já existente cooperação na área nuclear entre os Estados, cujo resultado foi a formação da Agência Brasileiro-Argentina de Controle e Contabilidade de Materiais Nucleares em 1991(CERVO, 2002).

Dois esforços envidados em ambas as margens concorreram para transformar o Atlântico Sul definitivamente em zona desnuclearizada, embora ocorrendo em tempos diferentes, mas reforçando o processo. Do lado sul-americano, em 1994, o Brasil aderia em definitivo ao Tratado de Tlatelolco para a proscrição de armas nucleares na América Latina; do lado africano, em 1996, entrava em vigor o Tratado de Pelindaba, que torna a África uma zona livre de armas nucleares (KHANYILE, 1998).

Em meio a esses dois eventos, os Estados membros da ZOPACAS, no encontro realizado em 1994 em Brasília, decidiram adotar a "Declaração de Desnuclearização do Atlântico Sul", posteriormente consubstanciada nas resoluções da Assembleia Geral das Nações Unidas 49/26, de 1994, e 49/84, de 1995, representando um ponto de inflexão na história de segurança da região. A Declaração confirma o Atlântico Sul como zona livre de armas nucleares e estabelece a responsabilidade dos Estados membros na sua aplicação, além de obrigar as Nações Unidas a intervir na região, caso alguma potência nuclear, sobretudo aquelas estranhas à região, lá instalem artefatos nucleares (KHANYILE, 1998).

Como relata Penha (2011, p.188), mesmo depois de eliminados os fatores de tensão anteriores, a ZOPACAS foi gradativamente perdendo importância, sendo praticamente relegada ao ostracismo, em razão da ausência de uma estrutura institucional, o que contribuía para a perda de interesse dos países-membros. Isso se evidenciou no encontro realizado em Buenos Aires em 1998, quando ficou clara a falta de consenso dos membros na adoção de um plano de ação para a cooperação e o desenvolvimento, em face da inexistência de um mínimo de estrutura organizacional para implementar as medidas. Quase dez anos se passaram até que nova reunião fosse convocada.

Deve-se tributar essa falta de dinamismo à própria situação político-econômica nas duas margens do Atlântico Sul na década de 1990. Do lado sul-americano, parte substancial do esforço dos Estados foi direcionada à integração dos mercados e à configuração de um espaço político autônomo como estratégia de fortalecimento externo dos países diante das mudanças em curso no cenário internacional. Esse movimento também é observado no continente africano, que vivenciava o auge dos conflitos decorrentes do processo de descolonização, absorvendo grande parte dos seus esforços políticos na mitigação de conflitos e na promoção da estabilidade (AQUINO, 2008). Khanyile (1998, p. 265) observa que

> *the countries on both shores of the South Atlantic Ocean have often overlooked more to the north for solutions to their socio-economic and security challenges than to their counterparts across the ocean. This approach has not only resulted in mutual neglect but has also exacerbated threat perceptions among neighbours. The establishment of the Mercosur and the South African Development Community (...) signals the awareness of the commonness of challenges and the need for regional solidarity. Through these sub-regional arrangements, inter-state tensions have been reduced drastically but intra-state conflicts still pose the greatest threat to regional stability (...) however, both regional organisations have 'inward-looking' agendas. Trans-atlantic exchanges remain peripheral and minimal.*

A própria política externa africana brasileira dos anos 1990 operava seletivamente no continente africano apresentando uma tendência em baixa nas relações, o que contribuía ainda mais para o esmorecimento da ideia de um Atlântico Sul com "identidade específica" ou como "espaço de interesses comuns", evidenciando uma clara contradição entre discurso e prática[80] (SARAIVA, 1996; PENHA, 2011).

A "indiferença" dos EUA em relação às condições de segurança sul-americana é normalmente referenciada nos meios acadêmico e diplomático como uma "negligência benigna", permitindo ao Brasil uma política externa mais autônoma e abrindo espaços de manobra para a articulação de acordos de caráter militar, tanto nas suas fronteiras terrestres, quanto nas marítimas (AQUINO, 2008). Lamazière (2001) define esta negligência benigna como "vácuo de poder" deixado pelo *hegemon*, remetendo à ideia de uma geopolítica às avessas, em que não se almeja a projeção de poder, senão preservar o espaço que já se conquistou.

---

80 A drástica redução do volume de comércio à época ilustra este esfriamento nas relações: o intercâmbio comercial caiu de 10% do total do comércio exterior, verificado da década de 1980, para 2% em 1990, níveis similares àqueles observados nos anos de 1960. A diminuição do número de embaixadas e de diplomatas em missão na África acompanhou esta tendência (SARAIVA, 1994).

Essa liberdade de ação se estendeu ao próprio Atlântico Sul, embora não se tenha observado um afastamento absoluto dos EUA da região. Os EUA mantiveram-se presentes nas relações militares, mesmo sem um arcabouço formal, simbolizadas nos cursos de instrução militar e na continuidade dos exercícios navais conjuntos, a UNITAS, dentro do espírito de "cordialidade" e de "fraternidade das armas" (DAVIS, 2011). Para isso, os EUA contam com instalações militares na Ilha de Ascensão, arrendada dos ingleses e de grande valor estratégico por se situar próximo ao "estrangulamento" Natal-Dakar. Sua presença também é sentida sob forma de pressão ostensiva, na alegação de que os países do Atlântico Sul não tinham ameaças externas, devendo transformar suas forças navais em milícias armadas para combater o terrorismo, a pirataria e o narcotráfico, o que induzia à constatação de que a defesa daquele vasto espaço marítimo seria garantida pelos EUA (VIDIGAL, 1997).

Em outro exercício naval, o ATLASUR, entre EUA, Brasil, Argentina e Uruguai, houve um esforço de envolver a África do Sul nestas manobras, que têm sido realizadas bianualmente desde 1993. Tais exercícios tem tido mais o caráter de fomentar a confiança mútua do que promover o aprestamento contra um inimigo comum (AGUILAR, 2013). Contudo, não foram expandidos para incluir a totalidade dos países nas duas margens do Atlântico Sul, nem mesmo como simples observadores (KHANYILE, 1998). A instância mais adequada para articular os interesses ribeirinhos, a ZOPACAS, restava num ostracismo quase agonizante. Essas manobras não bastaram para se criar uma arquitetura de segurança crível e sustentável, de modo a configurar uma comunidade de segurança e defesa própria do Atlântico Sul.

Buzan e Weaver (2003, p. 61-62) proveem alguns pressupostos que explicam a inexistência de uma comunidade de segurança regional. Primeiramente, a ausência se dá pela incapacidade de os Estados locais produzirem uma política própria de segurança interdependente e de engajar outras unidades neste sistema. Em segundo lugar, os Estados locais têm uma capacidade de projetar poder tão reduzida, que sua projeção não transcende os limites nacionais. Em terceiro lugar, a própria distância geográfica dificulta uma interação mais profunda, principalmente *"islands separated by large expanses of ocean"*.

De fato, mesmo os poderes marítimos mais destacados na região – Brasil, África do Sul e Argentina – não lograram projetar-se com mínima supremacia no espaço aberto pela "negligência benigna" norte-americana. Conforme informa Penha (2011, p. 220), em razão de prioridades domésticas, outras que não a defesa, e de obsolescência operacional, as Marinhas destes três países sofreram os duros impactos de cortes orçamentários na década de 1990, impedindo-lhes de exercer maior protagonismo no Atlântico Austral[81], além de conviver com a presença

---

81 Essa dificuldade é mais bem expressa em números. Em termos materiais, as Marinhas dos três atores regionais são bastante modestas diante do desafio que sua extensão litorânea lhes impõe. O levantamento do contingente e dos meios navais feitos por Penha (2011) informa que, em 2008, a Marinha do Brasil, a mais bem equipada, contava com um contingente de 39 mil homens (oficiais e praças), 1 porta-aviões, 10 fragatas, 5 corvetas, 2 contratorpedeiros, 6 navios varredores, 78 helicóptero armados, 25 blindados, e navios de desembarque, 29 navios de patrulha costeira e 5 submarinos. A Argentina, cuja Marinha foi prejudicada pelo conflito das Malvinas, contava 18.400 militares, 1 destroier, 2 corvetas e 2 submarinos. A África do Sul dispunha de 4 fragatas, 4 navios de ataque rápido, 3 submarinos e 2 corvetas.

de potências marítimas extrarregionais, os EUA e a Grã-Bretanha. Embora na retórica diplomática o Atlântico Sul figure como uma "ponte" que une os lados sul-americano e africano, sabe-se que as vastas distâncias e a ausência de uma cadeia de ilhas bem distribuída impõem toda sorte de dificuldades logísticas para uma interação maior entre os Estados litorâneos.

Outro ponto sensível para situação de segurança do Atlântico sul é a persistência da questão sobre a soberania das Ilhas Malvinas/ Falklands, se devem permanecer britânicas ou voltar à jurisdição argentina, embora a população residente já tenha manifestado, por referendo em 2013, sua vontade de permanecer sob jurisdição britânica. Conforme comentou o Almirante Álvaro Augusto Dias Monteiro, não se prevê uma solução de curto prazo para este problema, principalmente diante das possibilidades que se abrem para a exploração da plataforma continental nestas ilhas, que já apresenta considerável potencial petrolífero[82].

Esse quadro de inexistência de uma arquitetura de segurança e defesa no sul do Atlântico coexiste com a crescente centralidade da região como nova fronteira de recursos energéticos e como área de emergente dinamismo político-econômico. Nesse sentido, torna-se imprescindível analisar a posição do Atlântico Sul na política externa brasileira neste início de século XXI, e mais amplamente no contexto energético internacional, além de sua relevância em face dos imperativos da segurança norte-americana.

3.4.1 A nova geopolítica do Atlântico Sul: de "golfão excêntrico" à nova fronteira de recursos

A partir do governo Lula da Silva (2003-2010), a África passou de "tendência declinante" à prioridade na política externa brasileira, sob a lógica do reforço das relações político-econômicas nos marcos do eixo sul-sul, sem que isso significasse o abandono das parcerias tradicionais com países centrais no eixo norte-sul, observando-se, pois, um "renascimento da política atlântica brasileira". Essa revalorização se dá pela convergência de uma "nova África", estratégica para os investimentos e para as aspirações políticas brasileiras, e de um "Brasil global" (SARAIVA, 2010).

Tem se observado expressiva intensificação na área de cooperação militar, sobretudo a de cooperação marítima e naval, cujos exemplos mais notáveis estão na participação brasileira no trabalho de mapeamento das zonas econômicas exclusivas dos Estados ribeirinhos e no expressivo número de acordos de cooperação no campo da defesa com a África do Sul (2003), Guiné Bissau (2006), Moçambique (2009), Namíbia (2009), Nigéria (2010), Senegal (2010), Angola (2010) e Guiné Equatorial (2010). Em linhas gerais, tais acordos versam sobre pesquisa e desenvolvimento, apoio logístico, compra de material militar, troca de conhecimentos e experiências operacionais no campo da tecnologia, treinamento e instrução militar, e exercícios militares combinados (ABDENUR e SOUZA NETO, 2013).

---

82 Entrevista concedida pelo Almirante Álvaro Augusto Dias Monteiro em sua residência, no dia 25/09/2013.

Essa projeção estratégica brasileira no Atlântico Sul, sob a perspectiva da defesa, tem na Namíbia um dos seus principais pontos de desenvolvimento, desde 1994. Este país africano teve sua Marinha organizada e formada pela Marinha do Brasil, sendo aquela a maior receptora de cooperação no campo da segurança e da defesa na África (AGUILAR, 2013). É um modelo de experiência bem-sucedido em termos de defesa, abrindo possibilidades de extensão deste formato de cooperação a outros Estados africanos costeiros, sendo ainda facilitado pela rede de adidâncias militares brasileiras no continente.

A estratégia brasileira para o Atlântico Sul extrapola a dimensão deste espaço oceânico e insere-se no contexto mais amplo das relações sul-sul, envolvendo esforços políticos concretos no âmbito do Fórum IBAS – composto por Índia, Brasil e África do Sul. Os exercícios navais trilaterais bianuais IBSAMAR, realizados desde 2008, e que envolvem fundamentalmente Brasil e África do Sul, são parte de uma estratégia com foco na afirmação da presença brasileira no Atlântico Sul e na construção de uma articulação no contexto do eixo Índico-Atlântico Sul. Na avaliação do Almirante Álvaro Augusto Dias Monteiro, esse é atualmente um dos principais eixos de cooperação em defesa no Atlântico Sul e deve ser fortalecido.[83]

O Fórum IBAS tem demonstrado ser igualmente útil na tarefa de promover cooperação das indústrias de defesa de Brasil e África do Sul, como se observa no caso do Projeto A-Darter, um novo míssil ar-ar desenvolvido por ambos os países. Como esclarece Seabra (2013), a mesma lógica se inscreve no âmbito da Comunidade de Países de Língua Portuguesa (CPLP) e a realização regular dos exercício militares FELINO.

Ampliou-se fortemente o volume de investimentos brasileiros na prospecção petrolífera, notadamente no Golfo da Guiné, onde a Petrobrás venceu inúmeras licitações para a exploração de petróleo *offshore*. No conjunto, a Petrobrás tem realizado vultosos investimentos na Nigéria, Angola, Namíbia e Guiné Equatorial[84] (BENY, 2007).

Esse quadro de intensificação de iniciativas brasileiras no continente africano é acompanhado, por sua vez, pela presença cada vez maior de potências extrarregionais, num contexto mais amplo de crescente valorização do Atlântico Sul como fonte alternativa de recursos energéticos e minerais. Esse espaço oceânico, na avaliação de Vaz (2011, p. 10-11) está se convertendo num "cenário em que muitas das injunções da política internacional passam a se expressar", e

---

83   Informação obtida na entrevista concedida pelo Almirante-de-Esquadra Álvaro Augusto Dias Monteiro em 25/09/2013, em sua residência.
84   A título de referência, somente na Nigéria o Brasil realizou inversões da ordem de US$ 2,3 bilhões, tornando-se o maior investimento da Petrobrás num país estrangeiro (BENY, 2007).

onde se projetam interesses econômicos que estão associados à intensificação dos fluxos comerciais, à descoberta de importantes jazidas de insumos energéticos, como gás e petróleo, em particular ao longo das plataformas continentais e à identificação de jazidas minerais, tanto nas plataformas continentais quanto na Área[85].

Esse novo perfil sul-atlântico desdobra-se notadamente na recriação ou em iniciativas unilaterais, bilaterais ou multilaterais de criação de sistemas de segurança e defesa por potências e organizações extrarregionais, tais são os casos da reativação da IV Esquadra norte-americana, do *Africa Command* (AFRICOM) criado pelos EUA para atuar no Golfo da Guiné (ver mapa 7), e da proposta de "apagar" a linha imaginária que historicamente divide as porções norte e sul do Oceano Atlântico, recentemente feita pela OTAN (VAZ, 2011).

Para Vaz (2011), a presença crescente dos EUA se explica pela preocupação deste país em consolidar sua posição hegemônica e em elevar seu perfil internacional, enquanto que os outros Estados se preocupam em estender suas projeções territoriais, posicionando-se para a exploração de recursos minerais, biológicos e marítimos.

Segundo Penha (2011), encontra-se em curso uma nova geopolítica do Atlântico Sul, voltada para o controle dos recursos e da produção petrolífera *offshore*. Essa conjuntura de segurança sul-atlântica agrava-se ainda mais pela intensificação de atividades ilícitas relacionadas à pirataria, ao terrorismo internacional e ao narcotráfico.

Todos esses acontecimentos trazem enormes desafios para os interesses brasileiros no Atlântico Sul e, por conseguinte, para suas relações de segurança com os EUA. Deve-se, pois, avaliar tanto o lugar do Atlântico Sul no circuito energético internacional, quanto o que o petróleo advindo desta região tem representado para a segurança nacional norte-americana.

---

85 A Área equivale ao espaço de águas internacionais sob jurisdição da Autoridade Internacional de Fundos Marinhos das Nações Unidas, criada pela CNUDM de 1982. Segundo o art. 1 da Convenção, "Área significa o leito do mar, os fundos marinhos e o seu subsolo além dos limites da jurisdição nacional".

MAPA 7 – Área de atuação do Comando Africano no Golfo da Guiné. A área circulada inclui Guiné-Bissau, Guiné, Serra Leoa, Libéria, Costa do Marfim, Gana, Nigéria e Camarões.

Áreas de atuação do USAFRICOM no Golfo da Guiné: influxo de drogas ilegais, roubo de carga de petróleo, corrupção, instabilidade política e Estados "falidos".

Fonte: mapa organizado pelo autor com base em versão oficial e informações desclassificadas disponíveis em: www.publicintelligence.net.

Tradicionalmente, o Oriente Médio tem sido o grande fornecedor de petróleo mundial, detendo cerca de 2/3 das reservas mundiais comprovadas, concentradas em apenas 5 países da região (Arábia Saudita, Irã, Iraque, Emirados Árabes e Kuwait), e dado o baixo custo de extração deste insumo, a região manterá a primeira posição como principal fornecedora mundial pelas próximas duas décadas ou mais (SÉBILLE-LOPEZ, 2006, P.307). As duas únicas outras regiões do mundo que apresentam também o menor custo relativo de extração petrolífera são exatamente a África e a América Latina, os dois continentes que formam o Atlântico Sul (OLIVEIRA, 2009).

Segundo informações da *Offshore Magazine* (2008), a produção em águas profundas e ultra-profundas deverá responder por um crescente percentual das novas descobertas e da produção futura, sendo a mais provável fonte petrolífera não convencional. Atualmente, 30% da produção mundial já advém de águas profundas e ultra-profundas, e a maior região petrolífera *offshore* do mundo é o Atlântico Sul, apresentando 1.798 poços petrolíferos em águas profundas, o que corresponde a mais da metade dos 3.463 poços existentes no mundo[86].

Na visão de Oliveira (2009), pelo fato de que as mais recentes descobertas de petróleo na África e na América do Sul localizam-se em zonas *offshore*, a importância estratégica do contexto geográfico regional oceânico amplia-se consideravelmente. As novas descobertas na camada pré-sal brasileira, somadas às novas reservas no lado africano, alçam o Atlântico Sul ao segundo lugar no *ranking* das reservas mundiais confirmadas (ver tabelas 1 e 2). Segundo dados do *BP Statistical Review of World Energy 2009* (p. 6-7), em 2008, África e América do Sul juntas contabilizavam 248 bilhões de barris em reservas comprovadas, o que equivale a 19,8% das reservas mundiais[87]. O Golfo da Guiné, individualmente, detém aproximadamente 9% das reservas mundiais de petróleo, e já é responsável por cerca de um quarto das importações norte-americanas (GUEDES, 2012). Além disso, o Atlântico Sul não apresenta o altíssimo nível de instabilidade política que o Oriente Médio demonstra.

Mas em que medida os EUA dependem da importação da produção existente no Atlântico Sul para sua segurança energética? Oliveira (2009, p. 17) aponta que uma das formas é verificar o grau de diversificação do fornecimento, a partir da perspectiva dos importadores ou dos exportadores. Essa avaliação permite identificar o nível de importância estratégica de uma potência importadora. A partir da tabela 3, referente ao fornecimento de petróleo sul-americano e africano, pode-se verificar o grau de dependência dos EUA em relação a cada um dos dois continentes no entorno do Atlântico Sul e ao conjunto da região somada. Os dados mostram que os EUA dependem atualmente de quase 40% do seu fornecimento dessa região, quando se considera a totalidade dos países sul-americanos e africanos, superando em duas vezes a dependência do Oriente Médio[88].

---

86 Somente o Brasil possui um total de 750, o maior número de poços *offshore* em um único país.
87 Este cálculo não contabilizou as novas reservas brasileiras nem as reservas prováveis do pré-sal, que segundo estimativas mais otimistas podem chegar a 100 bilhões de barris de petróleo e gás equivalente. A título de comparação, esse volume estimado é de 3 a 5 vezes maior do que as reservas dos EUA, estimadas em cerca de 21 bilhões de barris.
88 Separando África e América do Sul, o fornecimento oriundo da área geográfica político e economicamente mais próxima dos EUA, o NAFTA (EUA, Canadá e México) é o principal fornecedor do país.

Tabela 1 – Principais reservas da América do Sul: evolução
das reservas em bilhões de barris e da produção em milhões
de barris diários – série histórica 1990, 2000 e 2013.

País/Região	Reservas (bilhões de bbl)			Produção (x 1000 bbl/dia)		
AMÉRICA DO SUL	1990	2000	2013	1990	2000	2013
Argentina	1,6	3,0	2,4	517	831	656
Brasil	4,5	8,5	15,6*	650	1272	2114
Colômbia	2,0	2,0	2,4	446	687	1004
Equador	1,4	4,6	8,2	292	403	527
Peru	0,8	0,9	1,4	130	97	104
Venezuela	60,1	76,8	298,3	2244	3097	2623
Total América do Sul	70,4	95,8	328,3			
Total Mundial	1027,5	1258,1	1687,9	65.385	74.983	86.754

Fonte: British Petroleum 2014. Dados disponíveis para
download em www.bp.com/statsticalreview
* Inclui as reservas do "pré-sal".

Tabela 2 – Principais reservas da margem atlântica africana:
evolução das reservas em bilhões de barris e da produção em
milhões de barris diários – série histórica 1990, 2000 e 2013.

País/Região	Reservas (bilhões de bbl)			Produção (x 1000 bbl/dia)		
ÁFRICA	1990	2000	2013	1990	2000	2013
Angola	1,6	6,0	12,7	475	746	1801
Congo (Brazzaville)	0,8	1,6	1,6	156	256	281
Gabão	0,9	2,4	2,0	270	276	237
Guiné-Equatorial	-	0,8	1,7	-	127	311
Nigéria	17,1	29,0	37,1	1870	2159	2322
Total África	20,4	39,8	55,1	2771	3564	4952
Total Mundial	1027,5	1258,1	1687,9	65.385	74.983	86.754

Fonte: British Petroleum 2014. Dados disponíveis para
download em www.bp.com/statsticalreview

Tabela 3 – Grau de dependência de importação dos EUA de petróleo
bruto e derivados do Atlântico Sul em milhares de barris diários.

Consumo de Petróleo Bruto e Derivados dos EUA			
Região Exportadora	1990	2000	2013
*América do Sul	1569	2105	1135
**África	1183	1401	516
Importação Total	2752	3506	1651

Fonte: Agência Internacional de Energia. dadosdisponíveis para download em www.eia.gov
* Refere-se somente ao Brasil, Argentina, Colômbia, Equador, Peru e Venezuela
** Refere-se apenas a Angola, Congo (Brazzaville), Guiné
Equatorial, Gabão, Nigéria,Camarões e Gana.

A literatura especializada consultada é unânime em apontar a estreita ligação entre segurança energética e uso da força militar para garantir a fluidez do fornecimento de petróleo (ABRAHAM, 2004; FUSER, 2007; KLAIRE, 2001, 2006; CEPIK e OLIVEIRA, 2007). Uma vez que este insumo adquiriu relevância estratégico-militar como fonte para a mobilidade das máquinas de guerra, em especial a movimentação das Marinhas, a fragilidade do equilíbrio energético de um país altamente dependente de energia importada, como é o caso dos EUA, contribui sensivelmente para a consolidação do tema da segurança energética como problemática da segurança nacional[89].

Como aponta Fuser (2007), a estratégia americana de securitização-militarização do acesso ao petróleo, conhecida por "Doutrina Carter", manteve-se ativa para o Oriente Médio no pós-Guerra Fria. No entanto, ela foi expandida para também incluir outras regiões ricas em petróleo e gás natural como áreas de transporte ou corredores de passagem destes recursos. As novas áreas abrangidas por esta estratégia estão na região do entorno do Mar Cáspio, da Ásia Central ao Cáucaso, seguido da África, especialmente no Golfo da Guiné (KLAIRE, 2001; CEPIK e OLIVEIRA, 2007).

Na percepção de alguns especialistas estrangeiros e autoridades navais brasileiras[90], há fortes indícios de que o Atlântico Sul está sendo submetido a um sistemático processo de securitização a partir de fora. Guedes (2012, p.8) assim coloca que "não são somente os norte-americanos os únicos a correr ao Atlântico austral. Também outros o fazem (...) da China à Rússia, à Alemanha, por exemplo: uma vigorosa competição internacional está a instalar-se, numa nova 'scramble for the South' (ver mapa 8).

A securitização é definida por Buzan et al. (1998, p. 23-31) como uma versão extrema da politização, em que as ameaças à segurança são socialmente construídas, sendo assim um *speech-act* (ato da fala). A securitização e seus critérios são práticas intersubjetivas, por meio das quais um agente securitizador procura estabelecer a existência de uma ameaça à sobrevivência de uma unidade. A securitização é estabelecida somente quando o público considera legítima a demanda do agente securitizador, e a ameaça é estabelecida com relevância suficiente para que se justifique quebras nas regras normais da política, com vistas a contrabalançar essa ameaça.

---

[89] Como informa Oliveira (2009), a substituição dos navios movidos a carvão pelos movidos a óleo já na Primeira Guerra Mundial, decidia pelo Primeiro Lorde do Almirantado britânico Winston Churchill, foi um divisor de águas para a eficiência das Marinhas de Guerra. A partir de então, o acesso ao petróleo inscreveu-se inexoravelmente nas discussões da agenda de segurança nacional formulada pelas Forças Armadas de diversos países.

[90] Informação obtida na entrevista concedida pelo Almirante-de-Esquadra Álvaro Augusto Dias Monteiro em 25/09/2013, em sua residência.

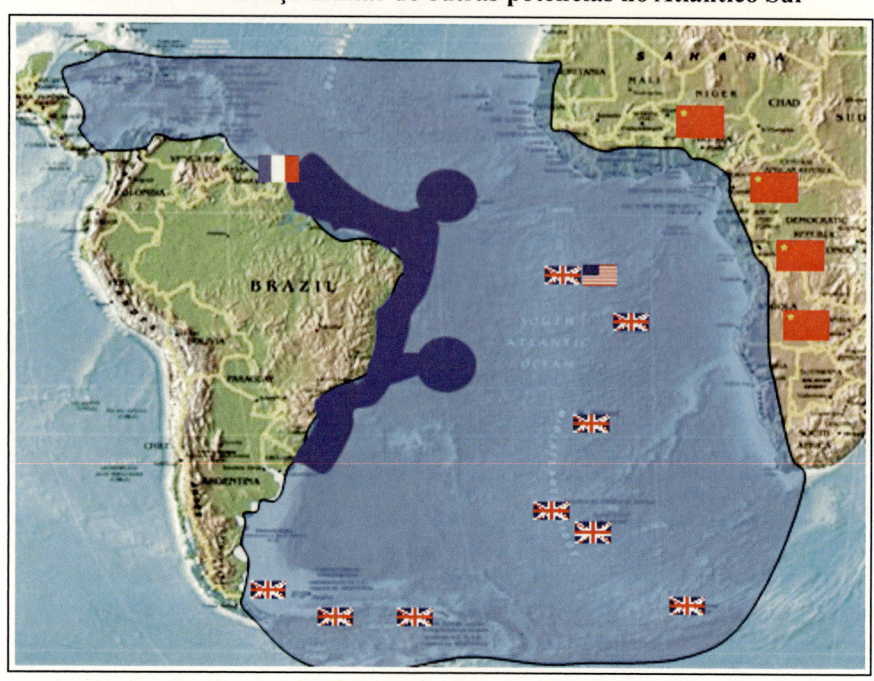

MAPA 8 – Presença militar de outras potências no Atlântico Sul

Fonte:Mapa elaborado com base em trabalho apresentado por Almirante Monteiro (2012).

A frequência de exercícios militares e a criação de novos esquemas de segurança no Atlântico Sul não podem ser vistos como fatos isolados, mas devem ser tomados como dados de convencimento e, nesta seara, o Golfo da Guiné tem relevância especial para a análise, porquanto essa região é a principal produtora de petróleo na África e aquela na qual se observa um claro processo de securitização (GUEDES, 2012).

Dois relevantes desenvolvimentos substanciam a centralidade desta área: a criação da Comissão do Golfo da Guiné (CGG), em 2001, e a criação do AFRICOM pelos EUA, ou "Guarda do Golfo da Guiné", em 2006[91]. A crescente atividade de pirataria despertou a necessidade de os países localizados nesta região potencializarem a segurança coletiva na área, "nomeadamente a vertente da segurança marítima, que constituía, e constitui, uma enorme vulnerabilidade destes Estados e da região" [92](ALMEIDA e BERNARDINO, 2012, p. 3-4). Em paralelo, o AFRICOM foi desenvolvido em conjunção com os planos de aumentar a atual importação de petróleo da "zona de interesse vital" de 16% para 25% em 2015 (GUEDES, 2012).

---

91 O AFRICOM atua principalmente no Golfo da Guiné, mas sua jurisdição engloba 53 países africanos, exceto o Egito.
92 A CGG é formada por Angola, Camarões, Congo, República Democrática do Congo, Gabão, Guiné Equatorial, Nigéria e São Tomé e Príncipe.

Desde 2009, a Marinha norte-americana iniciou um sofisticado sistema de radares de vigilância em São Tomé e Príncipe, que se estenderá a Cabo Verde, capaz de monitorar todo o Golfo da Guiné, na tarefa de localização e identificação de navios que circulam naquele espaço marítimo, assim controlando todas as rotas navais que por ali passam[93]. Ainda mais interessante é que a componente naval do AFRICOM desenvolve um projeto de assistência naval para dotar os membros do CGG de meios de ação rápida, para operações concretas de abordagem e interdição marítima (ALMEIDA e BERNARDINO, 2013).

A capacidade norte-americana de projetar poder por meio dessa componente do AFRICOM, com o provimento de meios de superfície modernos, capazes de combater ameaças imediatas tais como a pirataria e o terrorismo, é expediente que debilita as pretensões brasileiras de projetar sua influência na totalidade do Atlântico Sul e de construir uma "identidade sul-atlântica". Conforme relata Seabra (2014), há indubitável disposição dos Estados do Golfo da Guiné em estreitar laços militares com potências extrarregionais, bem como em aceitar prontamente auxílio que se traduza em imediato provimento de meios úteis para garantir a segurança marítima da região[94]. Esse é, de fato, um ponto de fragilidade presente no Atlântico Sul, que revela os limites da capacidade brasileira de consolidar um projeto regional.

Importante ressaltar que os Estados Unidos sondaram o Brasil para assumir o comando do AFRICOM, mas não houve interesse brasileiro[95]. Numa avaliação dessas atividades para os interesses brasileiros, Almeida e Bernadino (2013, p. 7-8) avaliam que

> num esforço para equilibrar os interesses econômicos-estratégicos, assentes numa perspectiva securitária, os EUA criaram o AFRICOM que operacionaliza as estratégias americanas para África (...) numa postura estratégico-operacional que influencia as dinâmicas securitárias regionais e que tem repercussão na política externa dos países do Golfo da Guiné e na Comissão (...) em áreas que a ZOPACAS também tem como tema central e onde os objetivos e interesses no futuro se entrecruzam com os da CGG.

O crescente interesse dos EUA no Atlântico Sul e a dinâmica de segurança engendrada exogenamente não se esgotam no exemplo africano do Golfo da Guiné. Uma das medidas mais recentes foi a reativação de sua IV Esquadra. À essa iniciativa os dirigentes brasileiros reagiram com suspeição. Com efeito, de forma geral os países do entorno sul-atlântico e africano interpretaram sua reativação como uma tentativa de militarizar uma área pacífica, associando-a a

---

93 Do ponto de vista estratégico-militar, São Tomé e Príncipe, além de Cabo Verde a Angola, têm atributos geográficos ímpares que os tornam um "ponto estratégico" em pleno Golfo da Guiné, controlando uma vasta área marítima, onde as plataformas petrolíferas norte-americanas, especialmente a *Chevron* e a *Exxon Mobil*, representam grande parte do investimento americano na região (ALMEIDA e BERNARDINO, 2013, p. 8).

94 Informações fornecidas por Pedro Seabra (2014) em troca de mensagens por correio eletrônico.

95 Informação obtida com base na entrevista concedida pelo Contra-Almirante Edlander Santos, em 25 de setembro de 2013 no Ministério da Defesa. O entrevistado solicitou sigilo sobre as razões da recusa brasileira.

uma ameaça às reservas petrolíferas no mar (FONSECA, 2011). O comandante do SOUTHCOM, General Douglas Fraser, rebateu as críticas afirmando que a reativação é administrativa, uma organização que auxilia aos EUA em resposta a situações de crise[96].

Essa visão mais suspeitosa da iniciativa estadunidense não é tão visível no meio militar naval brasileiro, parecendo ser mais fruto de uma percepção ideologizada. As interpretações da caserna entendem que a reativação da IV Esquadra vincula-se a uma estratégia mais ampla, de constituição de uma rede militar de vigilância. Como *hegemon*, os EUA têm interesses globais e tendem a ver o mundo geoestrategicamente como um grande teatro de operações único e unificado[97] (ver mapa 9). Battaglino (2009) expõe dois argumentos para a expansão da infraestrutura militar global norte-americana, para justificar a recriação da IV Esquadra: a definição do terrorismo internacional como principal ameaça, após o 11 de setembro de 2001, e o modo operacional de "vigilância persistente e extensa" que visa ao controle e à ocupação dos chamados "espaços comuns", a saber, áreas do mar e do espaço não pertencentes a nenhum Estado nacional. Tanto a IV Esquadra quanto o AFRICOM seriam manifestações organizacionais desta estratégia.

Pode-se estabelecer hipótese adicional sobre a reativação da IV Esquadra a partir da ideia de uma força operacional provendo apoio emergencial tanto para o AFRICOM, quanto como uma demonstração de força e afirmação da presença norte-americana no Atlântico Sul, em face da crescente presença de China e Rússia na disputa de recursos da região. Deve-se considerar, igualmente, que a projeção de poder norte-americana tem um componente de valor mais amplo que, pelas razões já mencionadas, abarca o futuro da Antártida.

---

[96] A IV Esquadra está integrada ao Southern Command dos EUA, o SOUTHCOM, e é responsável pelas operações da marinha americana (navios, aviões e submarinos) na área de interesse estratégico do SOUTHCOM. Seu objetivo é reforçar a cooperação e a parceria e tem 5 missões principais: apoio ao *peacekeeping*, assistência humanitária, ajuda em caso de desastres, exercícios marítimos tradicionais e apoio às operações de combate às drogas.

[97] Informações obtidas por meio das entrevistas realizadas com os Almirantes Edlander Santos e Álvaro Augusto Dias Monteiro, respectivamente em 19/09/2013, no Ministério da Defesa, e em 25/09/ 2013, em sua residência.

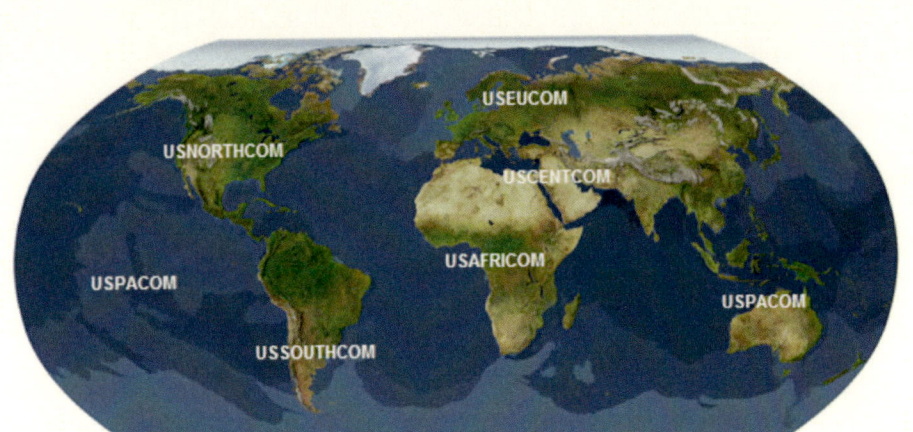

MAPA 9 – Comando das Esquadras dos Estados Unidos

A figura abaixo mostra a área de jurisdição de cada uma das Esquadras norte-americanas numeradas. Comparado com mapa anterior, observa-se a ausência de uma frota numerada para a África.

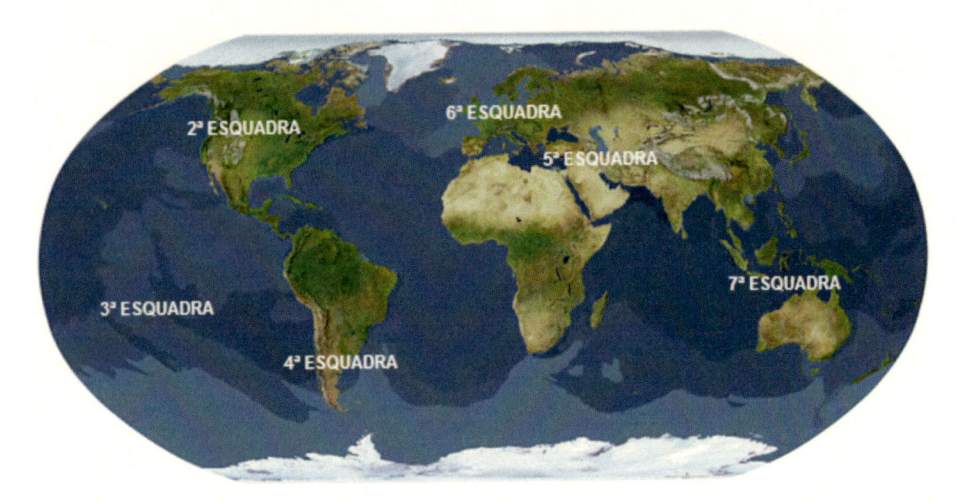

Fonte: Mapas elaborados pelo autor, com base nas informações oficiais disponíveis e em mapa disponível em www.naval.com.br.

Num exemplo mais recente da securitização em curso, evolvendo atores extrarregionais, em março de 2011 foram realizados, no Golfo da Guiné, exercício militares em escala inédita, intitulados *Obangame Express*, organizados pelos

EUA, e contando com França, Bélgica, Espanha, Nigéria, Gabão, São Tomé e Príncipe e República do Congo. O Brasil foi convidado, mas somente passou a aderir à edição dos exercícios a partir de 2012[98].

Na margem sul-americana do Atlântico, de novembro a dezembro de 2010, ocorreram em Natal, no nordeste brasileiro, os maiores exercícios multilaterais aéreos da história do continente, a CRUZEX V (Operação Cruzeiro do Sul V). A convite brasileiro, deles participaram tripulações e aviões da Força Aérea norte-americana, chilena, uruguaia, argentina e francesa, seguindo o *modus operandi* empregado pela OTAN (GUEDES, 2012, p.7-9). Em termos navais, pelos menos desde 2008, realizam-se edições bianuais da "Operação Atlântico Sul", um exercício combinado das três Forças Armadas brasileiras de simulação de ataque às plataformas de petróleo brasileiras na Amazônia Azul por forças hostis, tanto estatais quanto não convencionais.

O que se torna patente é que, pelo menos no meio militar, há disposição de participação em exercícios cooperativos de defesa, afastando-se um pouco da retórica político-diplomática de que a presença militar estrangeira no Atlântico Sul é invariavelmente prejudicial aos interesses brasileiros[99]. Segundo autoridades militares, ações de mitigação da pirataria no Golfo da Guiné são benéficas ao Brasil, que já reconhece expressamente a existência deste risco na região sul-atlântica[100] (ver mapa 10). Porém, essa disposição em cooperar não é isenta de divergências, como se nota nas constantes críticas norte-americanas aos objetivos brasileiros de construir capacidade dissuasória por meio da obtenção de submarino de propulsão nuclear[101].

A possibilidade de presença de forças estatais e não estatais hostis nas águas jurisdicionais brasileiras, prevista nos documentos de defesa brasileiros, certamente não exclui os Estados Unidos como um desses atores. Nesse sentido é importante ressaltar que os EUA reagem criticamente à obtenção do submarino de propulsão nuclear, um meio estratégico de grande poder de dissuasão pela sua capacidade de ocultação, pelo notável poder de destruição e pela alta mobilidade. A lógica do submarino nuclear, voltada completamente para a dissuasão, é elevar o custo da presença militar das grandes potências nas águas jurisdicionais brasileiras, o que em termos operacionais, para o Estado hostil, significa um grande deslocamento de meios de superfície e submergíveis, com probabilidade de perdas materiais e humanas.

---

98   Marinha do Brasil Participa do exercício *Obangame Express* na Nigéria. www.planobrazil.com. em 10/03/2012.
99   De fato, uma opinião comumente externada nos meios militares é que a retórica e a atuação da diplomacia brasileira, carregada de um excessivo soft power, tem contribuído para a construção do Atlântico Sul mais como uma "comunidade imaginada", uma "dimensão política" abstrata, do que como uma efetiva "comunidade de segurança".
100   Informações extraídas das entrevistas realizadas e de agência de notícias.
101   O argumento para essa crítica tem sido, há muito, o de que os países sul-americanos não enfrentam ameaças externas e a defesa externa contra eventual inimigo estaria a cargo dos EUA (VIDIGAL, 1997). No entanto, os fatos indicam que existem, sim, ameaças externas, nesse caso não convencionais. Soares e Silva (2012) chama a atenção para o grau de sofisticação alcançado pelo crime organizado internacional: somente no primeiro semestre de 2009, autoridades internacionais capturaram 11 submarinos tripulados pelo narcotráfico, cada um capaz de transportar até US$ 250 milhões em cocaína. Um deles foi usado por um traficante colombiano que atuava na cidade de São Paulo.

MAPA 10 – Áreas de ocorrência de pirataria na África.

Fontes: Mapa elaborado com base em trabalho apresentado por Almirante Monteiro (2012).

As críticas das autoridades estadunidenses vinculam a obtenção do submarino nuclear a intenções de projeção de poder global do Brasil, sua "grande estratégia", e questionam se a posse desse meio naval é adequada aos requerimentos de uma estratégia naval e de defesa das riquezas naturais brasileiras. O Embaixador norte-americano Paul D. Taylor (2009), ao referir-se a esses pontos, assim o coloca: *"natural questions are whether these attributes are relevant to the proposed missions, and whether investment in these submarines is a cost-effective approach"*.

Cumpre observar que as condições de segurança do Atlântico Sul são também afetadas diretamente por *think tanks* norte-americanos e europeus, cujas propostas têm sido endossadas discretamente pela OTAN que, como ressaltou Vaz (2011), tem procurado reformular seu escopo de atuação para alcançar virtualmente todo o planeta. Em 2009, um grupo de instituições de pesquisas europeias juntou-se aos idealizadores norte-americanos do documento intitulado *Alliance Reborn: An Atlantic Compact for the 21st Centrury – The Washington NATO Project*[102] e publicou o estudo intitulado *Shoulder to Shoulder: Forging a Strategic US-EU Partnership*, com o fim de reavaliar os papéis dos EUA e da Europa em face das evoluções do sistema internacional. O estudo apresentou dez iniciativas

---
102 A iniciativa foi encabeçada pelo pesquisador Daniel Hamilton, do Centro de Relações Transatlânticas da John Hopkins University dos EUA.

a ser implementadas, dentre elas a "Iniciativa da Bacia do Atlântico" (*Atlantic Basin Initiative)*, destacando a importância crescente do comércio atlântico, sugerindo que os líderes fossem incentivados a "apagar" a linha abstrata que separa histórica e politicamente as porções setentrional e meridional do Oceano Atlântico, fusionando-os num corpo oceânico político-econômico único (HAMILTON, 2009; HAMILTON e BURWELL, 2009).

Mesmo antes destes debates, já se observavam iniciativas concretas de projeção da presença da OTAN no Atlântico Sul. Em julho de 2007, uma Força Tarefa da Organização, constituída de navios de seis países (EUA, Canadá, Alemanha, Dinamarca, Holanda e Portugal) desempenhou missão de circunavegação do continente africano com o objetivo de demonstrar a capacidade da Organização de manter e assegurar a lei internacional no alto mar e estabelecer laços operacionais com Marinhas regionais, sem que houvesse consulta prévia ao Brasil[103]. Em 2009, a OTAN iniciou outra missão com embarcações de 5 países (Estados Unidos, Portugal, Canadá, Holanda e Espanha), para combate à pirataria na costa da Somália, a operação "Protetor Aliado", na costa leste africana[104].

Na Declaração de Cúpula de Lisboa de 2010, a Organização apresentou o documento *NATO 2020: Assured Security, Dynamic Engagement*, em que se define um Novo Conceito Estratégico de defesa, cuja abrangência de atuação expressa a possibilidade de realização de intervenções militares para além de sua área geográfica, devendo, segundo o capítulo 5,

> *deter, prevent and defend against any threat or aggressions in order to ensure the political independence and territorial integrity of every NATO member (...) and deploy and sustain expeditionary capabilities for military operations beyond the treaty area when required to prevent an attack on the treaty area or to protect the legal rights and other vital interests of Alliance members.*

A parte conclusiva do capítulo sobre o ambiente de segurança internacional informava que as prováveis ameaças aos membros da aliança são de natureza não convencional, referindo-se expressamente às *"disruptions to energy and maritime supply lines"* (OTAN, 2010, p. 17). De fato não houve menção explícita ao Atlântico Sul, porém, como se observa pelas recentes atuações da Organização em águas sul-atlânticas, não perece razoável descartar ações mais frequentes, dada a crescente relevância do Atlântico Sul como rota marítima comercial. Vale ressaltar que a proposta da "Bacia do Atlântico" foi analisada e mencionada de forma geral na Declaração de Lisboa.

O então Ministro da Defesa, Nelson Jobim, rechaçou fortemente ambas iniciativas, esclarecendo que tanto a presença militar dos EUA quanto da OTAN eram inoportunas e inadequadas, ressaltando que o Brasil se recusava a aceitar qualquer forma de soberania compartilhada no Atlântico Sul, nem com os EUA nem com a OTAN. Na Conferência Internacional sobre o futuro da Comunidade

---

103   NATO News: NATO Naval Force sets sail for Africa. 30/07/2007.
104   Otan inicia missões antipiratas na Somália no fim de março. 13/03/2009.

Atlântica, em 2010, em Lisboa, Jobim reafirmava que as questões de segurança relacionadas às duas esferas do Oceano Atlântico, embora não esclarecesse quais fossem, são distintas e, portanto, demandam respostas diferenciadas, sendo ainda mais eficientes e legítimas quanto menos envolverem organizações ou Estados estranhos à região (MINISTÉRIO DA DEFESA, 2010). Interessante notar que, mesmo discordando da posição norte-americana especificamente sobre o Atlântico Sul, Brasil e Estados Unidos assinaram novo Acordo Militar no mesmo ano, sendo o primeiro desde 1977.

As preocupações do Ministro Jobim demonstraram forte consonância com o que o Brasil sustenta como instância legítima de concertação, a ZOPACAS. Em particular, a revitalização desta instância tem sido um dos principais meios de reação política brasileira aos mencionados esquemas de segurança e defesa concorrentes no Atlântico Sul e àqueles com potencial de se efetivar.

A noção de segurança que se desenvolveu durante a criação daquela instância multilateral está fortemente associada à tradição pacifista e jurisdicialista da política externa brasileira, que desqualifica a força em nome da negociação (ALSINA JÚNIOR, 2003, 2009). Em grande medida, a ZOPACAS continua a ser o código normativo nas relações entre seus membros. Isso induz a concluir que em qualquer resposta no sentido de mitigar conflitos na região sul-atlântica não se deverá recorrer à força.

Esse pelo menos tem sido o *ethos* que transparece nos recentes esforços de revitalização da ZOPACAS, ainda que tardios diante dos eventos que já se manifestavam desde o início deste século. A VI Reunião convocada por Angola em 2007, e realizada neste país, teve o mérito de ressuscitar o projeto, mas evidenciou também as debilidades da instância. Como ressaltou o Ministro das Relações Exteriores de Angola, João Miranda, "para que a cooperação seja tangível impõe-se a necessidade de conciliar o conceito biológico-geográfico de Atlântico Sul com o geoestratégico, numa perspectiva mais abrangente no quadro das relações sul-sul" (PENHA, 2011).

São por demais claras as dificuldades de materializar uma cooperação de defesa em bases mais sólidas, que a transforme numa rede mais densa e coesa sobre o Atlântico Sul, inscrita de forma indelével na mentalidade dos governantes, dos formadores de opinião e das sociedades em ambos os lados deste Oceano. Buscou-se encaminhar a questão da defesa na mais recente Reunião da ZOPACAS, realizada em Brasília em janeiro de 2013, que reuniu pela primeira vez, em quase trinta anos de existência, os ministros da defesa dos países membros.

3.5 Conclusões

Na ausência de um inimigo comum no imediato pós-Guerra Fria, observa-se que o ponto mais claro de convergência entre Brasil e EUA se deu na manutenção de exercícios navais conjuntos, inspirado mais pela solidariedade das armas do que pela necessidade de manter o Atlântico Sul afastado de conflitos alheios à região. Em grande medida, a importância secundária deste oceano no plano geoestratégico mundial e na estrutura de segurança dos EUA explica a relativa ausência de divergências com o Brasil até anos recentes.

Identifica-se o interesse dos EUA em manter o Atlântico Sul como área estável e segura, garantindo a segurança das rotas comerciais, principalmente por este Oceano ter se tornado sua principal área fornecedora de petróleo, mas nota-se também que eles veem com desprezo a definição do Atlântico Sul como zona de paz e cooperação, principalmente quando há uma crescente presença de competidores neste oceano. Na sua visão, impõe-se a necessidade de construção de um sistema de segurança crível diante da crescente pirataria e de atos terroristas contra estruturas petrolíferas no Golfo da Guiné. É exatamente na forma de operacionalizar a estrutura de segurança do Atlântico Sul que se identifica um ponto claro de divergência entre Brasil e EUA.

Na defesa de seus interesses mais sensíveis, sobretudo sua vulnerabilidade energética, os EUA priorizam a força militar. Do lado brasileiro, a divergência em relação a este meio se manifesta mais intensamente no discurso diplomático, cujo principal argumento é o da manutenção de um ambiente de paz e cooperação e o do afastamento de potências extrarregionais do Atlântico Sul, sendo necessário prover soluções regionais a problemas específicos, embora o discurso diplomático não seja claro quanto à especificidade dos problemas.

Do lado militar, existe clara disposição em atuar conjuntamente com os EUA, desde que estes não imponham seus desígnios e não dificultem o processo de fortalecimento e modernização da força naval brasileira, tal como no caso da aquisição do submarino nuclear. De fato, o Brasil busca a cooperação militar para os desafios de segurança presentes, mas sem que isso signifique abdicar de sua missão precípua de proteção do território nacional.

CONCLUSÃO E PERSPECTIVAS

Em perspectiva histórica, a análise do Atlântico Sul como objeto das relações de segurança entre Brasil e Estados permitiu divisar a existência de distintos períodos de convergência e divergências, principalmente sobre a maneira de operacionalizar a segurança sul-atlântica. Essa dinâmica se explica tanto pela assimetria de poder entre os dois países, quanto pela disposição de ambos em cooperar e em administrar discordâncias ocasionais em função de percepções diferenciadas da própria ideia de segurança ao longo do tempo.

Entre o período que vai de fins da Segunda Guerra Mundial até o fim do Governo João Goulart, correspondente às duas primeiras fases do alinhamento, identificou-se uma "convergência condicionada" sobre a segurança do Atlântico Sul. Esse condicionamento da convergência se explica pela própria estrutura da Guerra Fria, que submetia o Brasil aos desígnios norte-americanos, pela dependência em relação aos EUA para fornecimento dos meios navais de defesa e também pela ausência de um pensamento geopolítico e estratégico próprio do Brasil sobre o Atlântico Sul à época. Por outro lado, as divergências estavam no grau de capacitação dos meios navais desejados pelo Brasil, que buscava a construção de um excedente de poder para fazer pender a seu favor a balança de poder naval face à rival Argentina. Nesse sentido, pode-se dizer que o Brasil aceitava se subordinar à estratégia de segurança traçada por Washington para o Atlântico Sul, desde que dentro deste quadro o país obtivesse a supremacia naval na região.

Esse desígnio brasileiro foi sistematicamente obstado em função da própria visão norte-americana de que não deveria emergir nenhuma potência que desafiasse sua hegemonia no bloco ocidental, o que se traduziu invariavelmente numa política de "equilíbrio de forças" para o cone sul. As vozes mais dissonantes sobre a inconveniência da relação especial com os EUA ecoaram do próprio estamento militar e nele se fortaleceram, para posteriormente irromperem numa decidida política brasileira para o Atlântico Sul. As divergências nesse período eram na sua essência mais conceituais do que operacionais – a segurança brasileira associada ao desenvolvimento, e a segurança norte-americana sustentada na pura abordagem militar do combate ao comunismo. Operacionalmente, o Brasil seguia à risca a doutrina de defesa naval norte-americana, em razão de uma esterilidade intelectual da Marinha brasileira em produzir estratégias próprias.

Excetuando-se o governo de Castelo Branco, no período abrangido pelos governos militares, em que se sucederam as fases de alinhamento e autonomia, notou-se uma convergência tênue, que subsistia mais pela "afinidade ideológica" e pelo "espaço de distensão" proporcionado pelo tradicionalismo dos exercícios navais conjuntos. Este foi o período em que a intensidade das divergências superou a conveniência da aproximação ideológica.

Ambos os países convergiam de forma geral na ideia de que o Atlântico Sul deveria manter-se seguro e estável como oceano de trânsito e de que o comunismo constituía uma ameaça à segurança do Ocidente, mas o grau de ameaça percebida variava na medida dos interesses político-econômicos dos dois atores no Atlântico Sul: para os EUA, o espaço sul-atlântico deveria ver-se livre da ameaça real soviética às linhas de tráfego marítimo e da influência sobre países africanos recém-independentes; para o Brasil, a ameaça era interna, porém externamente o país deveria aproveitar o vácuo de poder deixado no continente africano para projetar-se sobre sua "fronteira oriental" nas frentes econômica e política, mesmo que isso significasse colidir com as posições norte-americanas para a África.

A inserção estrutural brasileira no campo estratégico de segurança dos EUA foi matizada pela busca de diversificação no fornecimento de equipamentos, embora a força naval brasileira se mantivesse submetida às diretrizes doutrinárias da Marinha norte-americana até Geisel.

O crescimento econômico brasileiro e sua política de diversificação de fontes de fornecimento de material bélico permitiram-lhe dotar o país de insumos de poder, aprofundando fortemente o espectro de discordância sobre questões afeitas à segurança sul-atlântica, como se observou na extensão unilateral do mar territorial brasileiro. Mais uma vez as divergências encontraram-se na operacionalização da segurança: para o Brasil, ela era indissociável do desenvolvimento e a cooperação deveria prevalecer como regra; para os EUA, a segurança somente se explicava pelo confronto com o sistema comunista, o que exigiria a configuração de uma estrutura de segurança que abarcasse o conjunto do Atlântico Sul, a OTAS.

A partir da criação da Zona de Paz e Cooperação do Atlântico Sul e do fim da Guerra Fria, dentro do quadro de ajustamento-afirmação nas relações Brasil-EUA, identifica-se um período em que a convergência se mostra conjuntural, na ideia de se manter o Atlântico Sul como área estável, porém observando-se divergências pontuais na maneira de operacionalizar a segurança: o Brasil sustenta a ideia de que a segurança da região sul-atlântica deve ser mantida por meio do afastamento da área de tensões mundiais, com foco na cooperação e no desenvolvimento; os EUA dão prioridade ao uso, se necessário unilateral, da força militar como meio primário de assegurar a estabilidade da área como se tem observado com o AFRICOM e a IV Esquadra.

No entanto, mesmo apresentando pontos de vista divergentes, é possível notar forte disposição para a segurança cooperativa, como se nota nos atuais exercícios militares conjuntos tanto no lado sul-americano quanto no africano, desde que equilibrada e sem submissão às diretrizes políticas, operacionais e doutrinárias de Washington.

O Brasil demonstra forte preferência para a cooperação multilateral como a melhor forma de se extrair o máximo das potencialidades da região sul-atlântica; os EUA demonstram disposição para cooperar também, desde que seus interesses em jogo sejam atendidos prioritariamente e que ele possa liderar o processo.

O futuro das relações de segurança Brasil-EUA sobre o Atlântico Sul, a considerar a evolução das condições geopolíticas da região, dependerá dos interesses dos dois atores em cada momento histórico e de como ambos trabalharão para fazer convergir estes interesses ou administrar eventuais divergências.

Realizar um exercício prospectivo é sempre tarefa árdua e arriscada, mas por meio dos dados coletados na pesquisa, é possível construir alguns cenários hipotéticos sobre a conjuntura de segurança do Atlântico Sul e como se dariam as relações de segurança Brasil-EUA voltadas para a área, com base na ideia consolidada no meio acadêmico de um relacionamento pautado por uma interação cooperativa-conflitiva, considerando que este relacionamento continuará a se caracterizar pela "afirmação" e que o nível de relações políticas entre os dois atores não sofrerá retrocessos.

Não se detecta, num primeiro momento, tendência de retraimento nas relações militares entre os dois atores, dando-se continuidade ao tradicionalismo das instruções militares e da regularidade de exercícios navais conjuntos, simbolizado recentemente na assinatura de novo Acordo Militar em 2010. Há amplo campo para cooperação naval e há igualmente interesse dos EUA em tomar parte no processo de modernização das Forças Armadas brasileiras. Isso certamente não significa uma completa convergência de objetivos, quando, por exemplo, a meta de possuir um submarino nuclear pelo Brasil é fortemente criticada pelos EUA, alegando-se fins de projeção de poder mais do que uma necessidade de defesa, e quando os EUA relutam em transferir tecnologia militar ao país.

No plano político, as posições de cada um sobre segurança internacional têm se pautado mais pela divergência de visões, embora tais discordâncias se refiram mais a forma como se deve proceder na resolução de crises internacionais do que sobre o tema propriamente. Como se costuma afirmar no meio diplomático, as relações Brasil-EUA alcançaram nível de maturidade, o que lhes permite divergir sobre alguns temas da agenda internacional, sem contaminar o conjunto das relações.

Ao se considerar o curso dos recentes desenvolvimentos no Atlântico Sul, é lícito especular que a continuidade da ausência de um sistema de segurança crível, e não meramente retórico como a ZOPACAS, poderá dar ensejo a uma sobreposição de sistemas de segurança e defesa com perspectivas e formas operacionais distintas, que provavelmente optarão pelo uso militar como meio de enfrentamento de ameaças não convencionais na região sul-atlântica. Isso parece estar em curso no Golfo da Guiné, como se pode observar na interação entre a Comissão do Golfo da Guiné e o AFRICOM. Isso afetaria sobremaneira os objetivos brasileiros de buscar uma solução prioritariamente negociada.

Uma atuação mais assertiva da OTAN no Atlântico Sul no curto ou médio prazo é improvável, mas considerando-se uma intensificação de atividades criminosas como a pirataria é razoável admitir que as Marinhas africanas prefiram uma cooperação mais próxima com a Organização a partir das missões navais iniciadas recentemente, enfraquecendo ainda mais os débeis laços em termos de segurança e defesa existentes nas duas margens do Atlântico Sul.

Não se pode desprezar a renovada importância que as armas nucleares têm, não somente em termos de risco nas mãos de *rogue states*, mas nas relações entre grandes potências, em arranjos de segurança regional e na construção de hierarquias de poder e acesso aos mais altos escalões da política internacional. Tensões geopolíticas alhures manifestam-se hoje no Atlântico Sul, e não seria implausível, pelo menos a título de demonstração de poder, que potências nucleares centrais e emergentes trafeguem pelas águas sul-atlânticas com submarinos nucleares. O propósito de manter o Atlântico Sul livre de armas nucleares seria, pois, afetado frente à realidade de poder internacional.

Na hipótese de um conflito na região sul-atlântica entre os EUA e outra potência por recursos naturais, aumentariam as pressões para que as potências regionais sul-atlânticas, o Brasil, a Argentina e a África do Sul, se alinhassem com as grandes potências, provavelmente seguindo critérios macrorregionais, criando blocos regionais em direta competição. Se o Brasil continuar a carecer de meios de poder substantivos, é provável que o país se alinhe aos EUA, tanto por razões históricas, quanto por razões geográficas, sendo praticamente impensável manter a neutralidade com um conflito estalando às portas de casa.

Embora o continente antártico esteja hoje protegido de disputas territoriais, sendo, pois, uma área em que as relações entre os Estados nele presentes se pautam pela cooperação científica, não há garantias de que essa condição permanecerá diante das perspectivas de esgotamento dos recursos energéticos e minerais mundiais. Os crescentes reclames territoriais no "continente gelado" podem desencadear uma disputa futura por áreas antárticas, projetando seus efeitos sobre o Atlântico Sul.

A manutenção do Atlântico Sul como zona de paz desmilitarizada e desnuclearizada deverá apoiar-se em ações mais concretas em termos de defesa e segurança, e na reavaliação da eficácia de se respaldar exclusivamente na ênfase em tratados e convenções. Essa estratégia não tem sido impeditivo para a intervenção de potências extrarregionais no equilíbrio da região. Nesse sentido, a crítica que se tece no meio militar ao uso excessivo do *soft power* da diplomacia brasileira, em momento em que uma demonstração de força mais assertiva se faz necessária, parece fazer sentido diante da tendência que se apresenta atualmente no Atlântico Sul.

Já há evidências de que a ZOPACAS não é o único projeto político para o Atlântico Sul. A grande questão que se coloca para as próximas décadas é que se tornará imperativa a construção de uma arquitetura abrangente e crível de segurança, que dirima o atual estado de "desordem estratégica", em que coexistem interesses de atores de primeira ordem no plano mundial com os de potências regionais, perfeitamente identificáveis, mas sem concretizações de hegemonia. A resposta, ainda pendente, é se a estrutura de segurança desejável será construída de forma consensual e regional, ou será externa e imposta.

Os cenários apresentados são hipotéticos, mas não são infactíveis se consideramos o curso dos eventos recentes e as tendências que se delineiam no mundo atualmente. Uma maior ou menor convergência entre Brasil e EUA nas questões de segurança concernindo o Atlântico Sul dependerá dos interesses de cada Estado em cada momento histórico e na forma como encaminharão a questão.

REFERÊNCIAS

Artigos e Livros

ABRAHAM, Spencer. US National Energy Policy and Global Energy Security. Economic Perspectives.In: **Eletronic Journal of the US Department of State**, v. 9, n. 2, may 2004, p. 6-9. Disponível em: http://usinfo.state.gov/journals/ites/0504/ijee0504.pdf.Acesso emabril de 2013.

AGUILAR, S. L. C. Atlântico Sul: as relações do Brasil com os países africanos no campo da segurança e defesa, 2013. Disponível em: ww.sebreei.eventos.dype.com.br/resources/anais/21/1365674115_ARQUIVO_textofinal.pdf. Acesso em setembro de 2013.

ALENCASTRE, Amilcar. **América Latina, África e Atlântico Sul**. Rio de Janeiro: ed. Paralelo, 1980.

ALMEIDA, E. C.; BERNARDINO, L. M. B. A Comissão do Golfo da Guiné e a Zona de Paz e Cooperação do Atlântico Sul: organizações interzonais para a persecução da segurança marítima na Bacia Meridional Atlântica. In: **Revista Militar**, n. 2532, jan 2013, p. 43-61.

ALSINA JÚNIOR, J. P. S. A Síntese Imperfeita: articulação entre política externa e política de defesa na era Cardoso. In: **Revista Brasileira de Política Internacional**, Brasília, v. 46, n. 2, dez. 2003. Disponível em: www.scielo.br.

_____. **Política Externa e Poder Militar no Brasil**: universos paralelos. Rio de Janeiro: Ed. FGV, 2009.

ALVES, V. C. Ilusão Desfeita: a "aliança especial" Brasil-Estados Unidos e o poder naval brasileiro durante e após a Segunda Guerra Mundial. In: **Revista Brasileira de Política Internacional**, n. 48 (1), p. 151-177, 2005.

_____. **O Brasil e a Segunda Guerra Mundial:** história de um envolvimento forçado. Rio de Janeiro: Ed. PUC-Rio, 2002.

ARON, Raymond. **Guerra e Paz entre as Nações**. Brasília: Ed. UnB, 2002.

BACKHEUSER, Everardo. **Pela Unidade do Brasil**. Rio de Janeiro, SCP, 1925.

BARROS, O. de. Sinopse da História das Relações Externas Brasileiras. In: LES-

SA, M. L; GONÇALVES W. da S. (Org). **História das Relações Internacionais**: teorias e processos. Rio de Janeiro: Ed. UERJ, 2007, p. 42-110.

BATTAGLINO, Jorge. A Reativação da IV Frota e o Novo Paradigma de Controle Global dos Estados Unidos. In: **Política Externa**, São Paulo, v. 17, n. 4, mar/abr/mai 2009, p. 31-45.

BENY, E. **A Nova Geopolítica do Petróleo:** do Golfo Pérsico ao Golfo da Guiné. Viseu: Ed. Novo Imbondeiro, 2007.

BRAGA, Cláudio da C. **A Guerra da Lagosta**. Rio de Janeiro: Serviço de Documentação da Marinha, 2004.

BUZAN, Barry et al. **Security:** a new framework work for analysis. London: Lynne Rienner Publishers, 1998.

_____. **The United States and the Great Powers**: world politics in the twenty-first century. Cambridge: Polity Press, 2004.

_____.; WEAVER, O. **Regions and Powers:** the structure of international security. Cambridge: Cambridge University Press, 2003.

CASTRO, L. A. de A. **O Brasil e o Novo Direito do Mar:** mar territorial e zona econômica exclusiva. Brasília: Fundação Alexandre de Gusmão, 1989.

CASTRO, T. **Atlântico Sul:** geopolítica e estratégia. Rio de Janeiro: ESG, 1997.

_____. O Atlântico Sul no Contexto Regional. In: **A Defesa Nacional**, n. 714, 1984.

_____. **Geopolítica:** princípios, meios e fins. Rio de Janeiro: Ed. Bibliex, 1999.

CAVAGNARI FILHO, G. L. Autonomia Militar e Construção de Potência. In: OLIVEIRA, E. R. et al. **As Forças Armadas no Brasil**. Rio de Janeiro: Ed. Espaço e Tempo, 1987, p. 57-99.

CEPIK, M; OLIVEIRA, L. K. Petróleo e Segurança Regional na África Subsaariana. In: **Radar do Sistema Internacional**, maio de 2007, p.1-8. Disponível em: http://rsi.cgee.org.br/documentos/4246/1.PDF. Acesso em janeiro de 2013.

CERVO, Amado L. (org). **O Desafio Internacional:** a política externa do Brasil de 1930 a nossos dias. Brasília: Ed. UNB, 1994.

_____.; BUENO, Clodoaldo. **História da Política Exterior do Brasil.** 2. ed. Brasília: Ed. UNB, 2002.

_____. **Inserção Internacional do Brasil:** formação dos conceitos brasileiros. São Paulo: Ed. Saraiva, 2009.

CHILD, John. Pensamento Geopolítico Latino-Americano. In: **A Defesa Nacional**, n. 690, 1980.

COMBLIN, Joseph. **A Ideologia da Segurança Nacional:** o poder militar na América Latina. Rio de Janeiro: civilização Brasileira, 1978.

CONN, Stetson; FAIRCHILD, Byron. **A Estrutura de Defesa do Hemisfério Ocidental:** o Exército dos Estados Unidos na Segunda Guerra Mundial. Rio de Janeiro: Ed. Bibliex, 2000.

COUTAU-BÉRGARIE, H. **Geoestratégie de L'Atlantique Sud**. Paris: PUF, 1985.

DAVIS, Sonny B. As Relações Militares entre o Brasil e os Estados Unidos no Século XX. In: MUNHOZ, S. J.; SILVA, F. C. T. da (Org). **Relações Brasil-Estados Unidos:** séculos XX e XXI. Maringá: Eduem, 2011, p. 361-407.

_____. Brazil-United States Military Relations in the Early Post World War II Era. In: **Diálogos**, v.6, p. 11-29, 2002.

_____. **Brotherhood of Arms:** Brazil-United States Military Relations, 1945-1977. University Press of Colorado, 1996.

ESTADOS UNIDOS DA AMÉRICA, Comando Sul dos EUA. **Unitas 50**: uma história de cooperação naval, 2009.

FLORES, M. C. (coord.) **Panorama do Poder Marítimo Brasileiro**. Rio de Janeiro: Ed. Bibliex, 1972.

_____. **Reflexões Estratégicas:** repensando a defesa nacional. São Paulo: Ed. É Realizações, 2002.

FONSECA, J. R. Franco da. **Atlântico Sul:** zona de paz e cooperação. In: Revista USP, n. 18, jun/jul/ago de 1993, p. 152-158.

FONSECA, C. O Brasil e a Segurança do Atlântico Sul. In: **Nação e Defesa**, Lisboa, n. 128 -5ª série, 2011, p. 77-91.

FREITAS, J. M. da C. **A Escola Geopolítica Brasileira:** Golbery do Couto e Silva, Carlos de Meira Mattos e Therezinha de Castro. Rio de Janeiro: Ed. Bibliex, 2004.

FUSER, Igor. O Petróleo e a Política dos EUa no Golfo Pérsico: a atualidade da Doutrina Carter. In: **Lutas Sociais**, PUC-SP, v. 17/18, 2007, p. 23-37. Disponível em: http://www.pucsp.br/neils/downloads/v17_18_igor.pdf. Acesso em janeiro de 2013.

GADDIS, J. L. Toward a post-Cold War World. In: **Foreign Affairs**, v. 70, n. 2, Spring 1991, p. 101-122.

GARCIA, E. V. Questões Estratégicas e de Segurança Nacional: a marca do tempo e a força histórica da mudança. In: **Revista Brasileira de Política Internacional**, v. 41, n. Especial, Brasília, 1988, p. 99-120.

GONÇALVES, W. da S.; MIYAMOTO, S. Os Militares na Política Externa Brasileira: 1964-1984. In: **Estudos Históricos**, Rio de Janeiro, v. 6, n. 12, p. 211-246,1993.

GUEDES, A. M. Da Desregulamentação ao Recentramento no Atlântico Sul, e a Construção da 'Lusofonia'. In: **JANUS.NET e-Journal ofInternational Relations**, v. 3, n. 1, Primavera 2012, p. 1-37. Disponível em: observare.ual.pt/janus.net/pt_vol3_n1_art1.

GUILLOBEL, Renato de A. **Algumas Apreciações sobre Administração Naval**. Rio de Janeiro: Imprensa Naval, 1959.

GUIMARÃES, Samuel P. **Quinhentos Anos de Periferia**. Rio de Janeiro: Ed. Contraponto, 1999.

HAMILTON, D. et al. **Alliance Reborn:** an Atlantic Compact for the 21st Century – the Washignton NATO Project.Washington, 2009.

_____.; BURWELL, F. **Shoulder to Shoulder:** forging a strategic US - EU partnership. Washington, 2009.

HILL, J. R. **Maritime Strategy for Medium Powers**. London: Croom Helm, 1986.

HIRST, M. A Política Externa do Segundo Governo Vargas. In: ALBUQUERQUE, José A. G. de. **Sessenta Anos de Política Externa Brasileira (1930-1990):** crescimento, modernização e política externa. São Paulo: USP, v. 1, 1996, p. 263-289.

_____. **Brasil-Estados Unidos:** desencontros e afinidades. Rio de Janeiro: Ed. FGV, 2009.

_____. Os Cinco "As" das Relações Brasil-Estados Unidos: aliança, alinhamento, autonomia, ajustamento e afirmação. In: ALTEMANI, H.; LESSA, Antônio C. (Org.) **Relações Internacionais do Brasil**: temas e agendas. São Paulo: Ed. Saraiva, v. 1, 2006, p. 91-127.

HUNTIGNTON, S. P. The Lonely Superpower. In: **Foreign Affairs**, v. 78, n. 2, Mar/Apr, 1991, p. 35-40.

JAGUARIBE, Hélio. **Reflexões sobre o Atlântico Sul:** América Latina e Brasil ante a desarticulação do sistema interamericano. Rio de Janeiro: Paz e Terra/IEPES, 1985.

KAGARLITSKY, Boris. **A Desintegração do Monolito.**São Paulo: Ed. UNESP, 1993.

KHANYILE, M. B. Trans-Atlantic Relations inthe Southern Cone: a common security agenda. In: **Scientia Militaria, South African Journal of Military Studies**, v. 28, n. 2, 1998, p.265-273. Disponivel em:<http://scientiamilitaria.journals.ac.za>. Acesso em janeiro 2013.

KLARE, Michael T. The New Geography of Conflict.**Foreign Affairs**, v. 8, n. 3,May/Jun 2001, p. 49-61. Council on Foreign Relaions, New York, USA.

_____. Sangue por Petróleo: aestratégia energética de Bush e Cheney. In: LEYS, C.; PANITH, L (Org.). **O Novo Desafio Imperial**. CLACSO, 2006, p. 201-223. Disponível em: http://bibliotecavirtual.clacso.org.ar/ar/libros/social/2004pt/09_klare.pdf.Acesso em janeiro de 2013.

_____. A Política Externa Brasileira e a Crise no Atlântico Sul: reflexões sobre as Malvinas. In: **Novos Estudos Cebrap**, São Paulo, v. 1, 4, p. 15-20, novembro de 1982.

LAMAZIÈRE, G. Cooperação Político-Militar na América do Sul. In: **Revista Brasileira de Política Externa**, v. 9, n. 4, mar/abr/mai, 2001.

LAVENÈRE-WANDERLEY, N. F. **Estratégia Militar e Desarmamento**. Rio de Janeiro: ed. Bibliex, 1971.

LAYNE, C. Rethinking American Grand Strategy: hegemony or balance of power in the twenty first century? In: **World Policy Journal**, v.15, 1998, p. 8-28.

LESSA, A. C. A Vertente Perturbadora da Política Externa durante o governo Geisel: um estudo das relações Brasil-EUA (1974-1979). In: **Revista de Informação Legislativa**. Brasília, ano 35, n. 137, p. 69-82, jan/mar 1998.

_____. Diplomacia, Defesa e a Definição Política dos Objetivos Nacionais: o caso brasileiro. In: JOBIM, N. et all (Org.). **Segurança Intenacional:** perspectivas brasilerias. Rio de Janeiro: Ed. FGV, 2010, p. 401-418.

LOPEZ. E. J. Nova Problemática de Segurança e Novas Ameaças. In: SOARES, S.A; MATHIAS, S K. (Org.). **Novas Ameaças, Dimensões e Perspectivas:** desafios para cooperação em defesa entre Brasil e Argentina. São Paulo: Ed.Sicurezza, 2003, p. 59-89.

LUIS, C. C. R. A Zona de Paz e Cooperação do Atlântico Sul: a construção da política internacional na região sul-atlântica. In: **Revista Acadêmica de Relações Internacionais**, São Paulo, v.1, n.1, jul/out de 2010, p. 88-106.

MAGNOLI, D. **O Mundo Contemporâneo**. São Paulo: Ed. Atual, 2004.

MAIA, Marrielle. Os Mares na Grande Estratégia dos Estados Unidos no pós--Guerra Fria. In: BARBOSA JÚNIOR, I.; MORE, R. F. **Amazônia Azul:** política, estratégia e direito para o oceano do Brasil. Rio de Janeiro: FEMAR, 2012, p. 118-143.

MARTINS FILHO, J. R. As Políticas Militares dos EUA para a América Latina (1947-1989). In: **Teoria e Pesquisa**, n. 46, p. 105-139, janeiro de 2005.

MATTOS, C. de M. Atlântico Sul: sua importância estratégica. In: **A Defesa Nacional**, n. 688, 1980.

MATTOS, C. de M. **Brasil:** Geopolítica e Destino. Rio de Janeiro: Ed. Bibliex, 1975.

McDOUGALL, W. A. History and Strategies: Grand, Maritime, and American. In: **The Telegram**. FPRI – Temple University Consortium on Grand Strategy, v. 6, October 2011. Disponível em: www.fpri.org. Acesso em agosto de 2013.

MONIZ BANDEIRA, L. A. **Brasil-Estados Unidos:** a rivalidade emergente (1950-1988). Rio de Janeiro: Ed. Civilização Brasileira, 1989.

_____. **Presença dos Estados Unidos no Brasil**: dois séculos de história. Rio de Janeiro: Ed. Civilização Brasileira, 1978.

MORGENTHAU, H. **A Política entre as Nações**. Brasília: Ed. UnB/FUNAG, 2003.

MOURA, Gerson. **Autonomia na Dependência:** a política externa brasileira de 1935 a 1942. Rio de Janeiro: Nova Fronteira, 1980.

_____. **Sucessos e Ilusões:** relações internacionais do Brasil durante e após a Segunda Guerra Mundial. Rio de Janeiro: Ed. FGV, 1991.

MOURA NETO, J. S. Defendendo o Pré-Sal. In: JOBIM, N. et all (Org.). **Segurança Intenacional:** perspectivas brasilerias. Rio de Janeiro: Ed. FGV, 2010, p. 449-462.

MUNHOZ. S. J. Na Gênese da Guerra Fria: os EUA e a Repressão ao Comunismo no Brasil. In: MUNHOZ, S. J.; SILVA, F. C. T. da (Org). **Relações Brasil-Estados Unidos:** séculos XX e XXI. Maringá: Eduem, 2011, p. 165-209.

MUSSALÉM, Josué S. M. **II Guerra Mundial Sessenta Anos depois:** os impactos do conflito sobre o Brasil. Recife: Comunigraf Editora, 2005.

MYIAMOTO, Shiguenoli. Atlântico Sul: zona de paz e de cooperação? In: **Lua Nova**, São Paulo, v. 3, n. 3, p.20-23, março de 1987.

_____. O Brasil e o Pacto do Atlântico Sul. in: **Revista de Cultura Vozes**, Petrópolis, ano 79, n.4, p. 20-30, maio de 1985.

_____. Os Estudos Geopolíticos no Brasil: uma contribuição para sua avaliação. In: **Perspectivas**, São Paulo, n. 4, p. 75-92, 1981.

OLIVEIRA, F. R. de. A Política Externa e de Segurança dos EUA. In: Del Vecchio, A. (Org.). **Política Internacional e Hegemonia:** Brasil e Estados Unidos no Contexto da Globalização. São Paulo: Ed. Sociologia e Política, 2010, p. 103-132.

OLIVEIRA, L. K. Segurança Energética no Atlântico Sul: análise comparada dos conflitos e disputas em zonas petrolíferas na América do Sul e África. In: **XXXIII Encontro Anual da ANPOCS**, de 26 a 30 de outubro de 2009, Caxambu, Minas Gerais. GT-03: América do Sul e Regionalismos Comparados.

PACH Jr., Chester J. The Containment of US Military Aid to Latin America, 1944-1949. In: **Diplomatic History**, vol. 6, n. 3, 1982.

PECEQUILO, Cristina S. **A Política Externa dos Estados Unidos:** continuidade ou mudança? 2. Ed. Ampliada e atualizada. Porto Alegre: Ed. UFRGS, 2005.

_____. **As Relações Brasil-Estados Unidos**. Belo Horizonte: Ed. Fino Traço, 2011.

PENHA, Eli A. **Relações Brasil-África e Geopolítica do Atlântico Sul**. Salvador: EDUFBA, 2011.

_____. A Fronteira Oriental Brasileira e os Desafios da Segurança Regional. In: **Revista da Escola de Guerra Naval**, Rio de Janeiro, v. 18, n.1, p. 115-136, jan/jun 2012.

PENNA FILHO, P. Regionalismo, Segurança e Cooperação: o Atlântico Sul como espaço de possibilidades entre o Cone Sul e África Austral. In: **XXVII Encontro Anual da ANPOCS**, 21 a 25 de outubro de 2003, Caxambu, Minas Gerais. Grupo de Trabalho: – "Segurança, Economia e Política Internacional no Século XXI – Perspectivas Internacionais, Perspectivas Brasileiras".

PEREIRA, A. C. Brasil, Reino Unido e a Segurança do Atlântico Sul na Visão de um Observador Brasileiro. In: **Seminário Brasil-Reino Unido**, 18 e 19 de setembro de 1997, Rio de Janeiro. IPRI/FUNAG, 1997.

PINTO, J. R. A. et al (Org.). **O Brasil no Cenário Internacional de Defesa e Segurança**. Brasília: Ministério da Defesa, Secretaria de Estudos e de Cooperação, v. 2, 2004.

REZEK, J. F. **Direito Internacional Público:** curso elementar. 10ª ed. São Paulo: Ed. Saraiva, 2005.

SAINT-PIERRE, H. L. Reconceitualizando "Novas Ameaças": da subjetividade da percpeção à segurança cooperativa. In: SOARES, S.A; MATHIAS, S K. (Org.). **Novas Ameaças, Dimensões e Perspectivas:** desafios para cooperação em defesa entre Brasil e Argentina. São Paulo: Ed.Sicurezza, 2003, p. 23-58.

_____. Grandes Tendências da Segurança Intenacional Contemporânea. In: JOBIM, N.; ETCHEGOYEN, S.W. et al (Org.). **Segurança Internacional:** perspectivas brasileiras. Rio de Janeiro: Ed. FGV, 2010, p. 31-48.

SARAIVA, J. F. S. **O Lugar da África:** a dimensão atlântica da política externa brasileira (de 1946 a nossos dias). Brasília: Ed. UnB, 1996.

_____. A Nova África e o Brasil na era Lula: o renascimeno da política atlântica brasileira. In: **Revista Brasileira de Política Internacional - Emerging Brazil under Lula:** an assessment on international relations (2003-2010), ano 53, Special Edition, 2010, p. 169-182.

SCHILLING, Paulo R. **O Expansionismo Brasileiro:** a geopolítica do General Golbery e a Diplomacia do Itamaraty. São Paulo: Global Editora, 1981.

SCOTT, Len. International History, 1945-1990. In: BAYLIS, John; SMITH, Steve. The Globalization of World Politics: an introduction to international relations. Oxford: Oxford University Press, 3 ed., p. 93-110, 2006.

SEABRA, Pedro. Dinámicas de Seguridad en el Atlántico Sur: Brasil y Estados Unidos en África. In: **Revista CIDOB d'Afers Internacionals**, n. 102-103, p. 199-218, Septiembre 2013.

SÉBILLE-LOPEZ, P. **Geopolíticas do Petróleo**. Lisboa: Ed. Instituto Piaget, 2006.

SILVA, Golbery do C. **Geopolítica do Brasil**. Rio de Janeiro:Bibliex/José Olympio, 1967.

SILVA, Hélio. **1942, Guerra no Continente:** o ciclo de Vargas. Rio de Janeiro: Ed. Civilização Brasileira, v. XII, 1972.

SILVA, A. P. O Novo Pleito Brasileiro no Mar: a plataforma continental estendida e o Projeto Amazônia Azul. In: **Revista Brasileria de Política Internacional**, 56 (1): p. 104-121, 2013.

SILVEIRA, C. de C. A Presença da Marinha do Brasil na Antártica. In: **XVII Encontro Regional de História – O Lugar da História. ANPUH/SP-UNICAMP**. Campinas, 6 a 10 de setembro de 2004.

SOARES e SILVA, Fernando J. S. O Poder Militar Brasileiro como Instrumento de Política Externa. In: SILVA FILHO, E. B; MORAES, R. F. de (Org). **Defesa Nacional para o Século XXI**: política internacional, estratégia e tecnologia militar. Rio de Janeiro: IPEA, 2012, p. 149-181.

SOUTO MAIOR, Luiz A. P. Brasil-Estados Unidos: desafios de um relacionamento assimétrico. In: **Revista Brasileira de Política Internacional**, 44 (1), p. 55-68, 2001.

SPYKMAN, Nicholas. **America's Strategy in World Politics:** the US and the balance of power. New York: Harcourt, Brace and Co., 2008.

SVARTMAN, E. M. Brazil-United States Military Relations during the Cold War: Political Dynamic and Arms Transfers. In: **Brazilian Political Science Review**, n. 5 (2), p. 75-93, 2011.

_____. O Pragmatismo Brasileiro na Cooperação Militar com os Estados Unidos nas Décadas de 1930 e 40. In: **Estudos Ibero-americanos**, PUCRS, v. XXXIV, n. 1, p. 76-91, junho 2008.

TAYLOR, P. D. Why Does Brazil Need Nuclear Submarines? In:**Proceedings Magazine**, v. 135/6/1276, June 2009, p. 1-5. Published on US Naval Institute. Disponível em: www.usni.org. acesso em dezembro 2013.

TORRES, Vasconcelos. **Mar de 200 milhas:** o recuo inadmissível de uma decisão nacional. Rio de Janeiro: Ed. Guavira, 1981.

VAZ, A. C. O Atlântico Sul e as Perspectivas Estratégicas de Brasil, Argentina e África do Sul. In: ACIOLY, L.; MORAES, R. F. (Orgs.). **Prospectiva, Estratégia e Cenários Globais:** visões de Atlântico Sul, África Lusófona, América do Sul e Amazônia. Brasilia: IPEA, 2011, p. 49-59.

VIANNA FILHO, A. **Estratégia Naval Brasileira:** abordagem à história da evollução dos conceitos estratégicos navais brasileiros. Rio de Janeiro: Ed. Bibliex, 1995.

VIDIGAL, Amando A. F. **A Evolução do Pensamento Estratégico Naval Brasileiro**. Rio de Janeiro: Bibliex, 3. ed., 1985.

_____. Dissuasão Convenional nos Países em Desenvolvimento. In: **Política e Estratégia**, São Paulo, v. 5, n. 3, 1997.

_____. O Brasil diante dos Desafios Internacionais em Segurança e Defesa. In: PINTO, J. R. de A. et al (Org.) **O Brasil no Cenário Internacional de Defesa e Segurança**. Brasília: Ministério da Defesa, Secretaria de Estudos e de Cooperação, v. 2, 2004, p.13-35.

VIEIRA, F. B. O Tratado da Antártida: perspectivas territorialista e internacionalista. In: **Cadernos PROLAM/USP**, São Paulo, ano 5, v. 2, 2006, p. 49-82.

VIEIRA, F. B. Fragilidades Estruturais do Tratado Antártico. In: **Cadernos PROLAM/USP**, São Paulo, ano 9, v. 1, 2010, p. 153-163.

VIZENTINI, Paulo F. **A Política Externa do Regime Militar Brasileiro**: multilateralização, desenvolvimento e a construção de uma potência média (1964-1985). Porto Alegre: Ed. UFRGS, 1998.

WALDMANN JÚNIOR, Ludolf. Força Naval, Tecnologia e Política: a modernização da Marinha do Brasil no período 1942-1970. 36º Encontro Anual da ANPOCS, GT-14: Forças Armadas, Estado e Sociedade, Águas de Lindóia, outubro de 2012.

Monografias, Dissertações e Teses

AQUINO, Edson T. de. **A Dimensão do Atlântico Sul na Política Externa e na Defesa do Brasil:** dos anos 70 ao limiar do século XXI, 2008, 132 f. Tese (Doutorado em Ciências Políticas) – Pontifícia Universidade Católica de São Paulo, São Paulo, SP, 2008.

CARVALHO, G. del. C. **O Mar Territorial Brasileiro de 200 Milhas:** estratégia e soberania, 1970-1982. 1999, 118 f. Dissertação (Mestrado em História) – Universidade de Brasília, Brasília, DF, 1999.

DECUADRA, D. R. **Geopolítica, Política Externa e Pensamento Militar Brasileiros em Relação ao Atlântico Sul (1964-1990).** 1991, 294 f. Dissertação (Mestrado em Relações Intenacionais) – Pontifícia Universidade Católica do Rio de Janeiro, RJ, 1991.

HIRST, M. E. S. **As Relações Brasil-Estados Unidos desde uma Perspectiva Muntidimensional:** evolução contemporânea, complexidades atuais e perspectivas para o século XXI. 2011, 201 f. Tese (Doutorado em Estudos Estratégicos Internacionais) – Universidade Federal do Rio Grande do Sul, Porto Alegre, RS, 2011.

LEÃO, A. J. **Os Interesses Regionais e Extra-Regionais no Atlântico Sul.** 1988, 43f., P-III-4. Monografia apresentada à Escola de Guerra Naval, Rio de Janeiro, 1988.

LESSA, Luiz G. S. **The Security of the South Atlantic:** is it a case for "SATO" – South Atlantic Treaty Organization? 1982, 227 f. Thesis presented to the Faculty of the US Army Command and General Staff College, Fort Leavenworth, Kansas, 1982. Documento desclassificado e autorizado para divulgação pública em 12 de outubro de 2000.

NASH, John A. **A Política Naval dos Estados Unidos para o Atlântico Sul.** 1986, 44 f, C-CEM. Monografia apresentada à Escola de Guerra Naval. Rio de Janeiro, 1986.

ROCHA, Heitor L. da.**A Problemática do Atlântico Sul:** consequências da Guerra das Falklands/Malvinas. Rio de Janeiro, Escola Superior de Guerra, 1987. 122p. (TE-87, DAP, tema 152).

WALSH, M. V. **A Atuação do Brasil frente à Crise das Malvinas/Falklands (1982)**. 1997, 174 f. Dissertação (Mestrado em História) – Universidade de Brasília, Brasília, DF, 1997.

Documentos e Dados

Agência Internacional de Energia. www.eia.gov.

BRASIL, Escola Superior de Guerra (ESG). **Fundamentos Teóricos.** Ed. rev. Rio de Janeiro: ESG, 1983.

_____. **Política de Defesa Nacional, 1996**. Disponível em: www.planalto.com.br

_____. **Decreto 5.484 de 30 de junho de 2005**. Aprova a Política de Defesa Nacional e dá outras providências. Brasília, 30 jun. 2005. Disponível em: www.planalto.com.br

_____. **Estratégia Nacional de Defesa:** paz e segurança para o Brasil. 2ª ed. Brasília: Ministério da Defesa, 2008.

_____. **Livro Branco de Defesa Nacional**. Brasília: Ministério da Defesa, 2012.

BRITISH PETROLEUM. BP Statistical Review of World Energy 2014.Disponível em: www.bp.com/liveassets/bp_internet/globalbp/globalbp_uk_english/reports_and_publications/statistical_energy_review_2013/STAGING/local_assets/2014_downloads/statistical_review_of_world_energy_full_report_2014.pdf.Acesso em julhoe de 2013.

Carta do Chefe do Gabinete Militar, General Ciro do Espirito Santo Cardoso, a Getúlio Vargas, expressando posição contrária ao esquema de patrulhamento da sub-região do Atlântico Sul proposto pelos EUA. 2 f. Digitalizadas. **Arquivo Getúlio Vargas**, classificação GV c1951.04.27. Documento Secreto, Desclassificado.

Comissão Interministerial para os Recursos do Mar. Resoluçãon 3 / 2010. Disponível em: http://www.mar.mil.br/secirm/publicacoes/infocirm/2010/infocirm-set-dez-2010.pdf.

Convenção das Nações Unidas sobre o direito do Mar. Disponivel em: www.aquaseg.ufsc.br/files/2011/07/CNUDM.pdfAcesso em julhoe de 2013.

MINISTÉRIO DA DEFESA (MD). **Palestra proferida pelo Ministro da Defesa Nelson Jobim por ocasião doencerramento da Conferência Internacional:** O futuro da Comunidade Transatlântica, no Instituto de Defesa Nacional, Lisboa, 2010. Disponível em: https://www.defesa.gov.br/arquivos/File/2010/mes09/0_futuro_da_comunidade.pdfAcesso em julhoe de 2013.

OTAN.**NATO 2020: Assured Security, Dynamic Engagement:** analysis and recommendations of the group of experts on a new strategic concept for NATO. 17 may, 2020. Disponível em: www.nato.int/cps/en/natolive/official_texts_63654.htmAcesso em julhoe de 2013.

OFFSHORE MAGAZINE.Deepwater Concept Selection & Record Poster.Mustang Engineering Co., May 2008. Disponível em: http://downloadas.pennet.com/os/posters/0805_deepwaterpost.pdfAcesso em julhoe de 2013.

THE WHITE HOUSE.**National Security Strategy.**Washington: The White House, mar.1990; ago.1991 e 1993.

_____. **A National Security strategy of Engagement and Enlargement.** Washington: The White House, fev. 1995, fev.1996, mai. 1997.

_____. **A National Security Strategy of a New Century.** Washington: The White House, out. 1998, dez.1999, dez. 2000.

_____. **The National Security Strategy of the United States of America.** Washington: The White House, set, 2002, mar. 2006.

_____. **National Security Strategy.** Washington: The White House, mai. 2010.

Tratado Interamericano de Assistência Recíproca. Disponível em: www.cedin.com.br. Acesso em dezembro de 2012.

Tratado da Antártida. Disponível em: www.cedin.com.br. Acesso em dezembro de 2013.

Notícias em Jornais ou Agências de Notícias

Marinha do Brasil Participa do Exercício Obangame Express na Nigéria. 18 de março de 2012. Disponivel em: www.mar.mil.br/nomaronline/noticias/16032012/08.htmlAcesso em julhoe de 2013.

NATO News: NATO Naval Force sets sails for Africa. 30/07/2007. Disponível em: www.nato.int. Acesso em julhoe de 2013.

Otan inicia missão antipiratas na Somália no fim de março. 13/03/2009. Disponível em: www.abril.com.br/noticias/mundo/otan-inicia-missao-antipiratas-somalia-fim-marco-309322.shtmlAcesso em julhoe de 2013.

"Amazônia Azul". Entrevista do almirante Roberto de Guimarães Carvalho à **Folha de São Paulo**, São Paulo, 11 mai. 2005. Folha Tendências/Debates. Disponível em: www1.folha.uol.com.br/fsp/opiniao/fz1105200509.htm.Acesso em julhoe de 2013.

Entrevistas:

Almirante-de-Esquadra (Reserva) Álvaro Augusto Dias Monteiro. **Entrevista concedida no dia 25 de setembro de 2013**, em sua residência, Rio de Janeiro.

Contra-Almirante Edlander Santos. **Entrevista concedida no dia 19 de setembro de 2013**, nas dependências do Ministério da Defesa.

Pedro Seabra (2014), doutorando em Política Comparada no Instituto de Ciências Sociais da Universidade deLisboa (ICS-UL). **Troca de informações sobre situação no Atlântico Sul por meio eletrônico.**

APÊNDICE

APÊNCIDE A – Resolução das Nações Unidas RES 41/11 de 1986.

A/RES/41/11

United Nations

General Assembly

Distr. GENERAL

27 October 1986

ORIGINAL: ENGLISH

```
A/RES/41/11
27 October 1986
50th plenary meeting
```

Declaration of a zone of peace and co-operation in the South Atlantic

The General Assembly,

Conscious of the determination of the peoples of the States of the SouthAtlantic region to preserve their independence, sovereignty and territorialintegrity and to develop their relations under conditions of peace andliberty,

Convinced of the importance of promoting peace and co-operation in theSouth Atlantic for the benefit of all mankind and, in particular, of thepeoples of the region,

Convinced further of the need to preserve the region from measures of militarization, the arms race, the presence of foreign military bases and, above all, nuclear weapons,

Recognizing the special interest and responsibility of the States of the region to promote regional co-operation for economic development and peace,

Fully conscious that the independence of Namibia and the elimination of the racist regime of apartheid are conditions essential to guaranteeing the peace and security of the South Atlantic,

Recalling the principles and norms of international law applicable to ocean space, in particular the principle of the peaceful uses of the oceans,

Convinced that the establishment of a zone of peace and co-operation in the South Atlantic would contribute significantly to the strengthening of international peace and security and to promoting the principles and purposes of the United Nations,

1. Solemnly declares the Atlantic Ocean, in the region situated between Africa and South America, a "Zone of peace and co-operation of the South Atlantic";

2. Calls upon all States of the zone of the South Atlantic to promote further regional co-operation, inter alia, for social and economic development, the protection of the environment, the conservation of living resources and the peace and security of the whole region;

3. Calls upon all States of all other regions, in particular the militarily significant States, scrupulously to respect the region of the South Atlantic as a zone of peace and co-operation, especially through the reduction and eventual elimination of their military presence there, the non-introduction of nuclear weapons or other weapons of mass destruction and the non-extension into the region of rivalries and conflicts that are foreign to it;

4. Calls upon all States of the region and of all other regions to co-operate in the elimination of all sources of tension in the zone, to respect the national unity, sovereignty, political independence and territorial integrity of every State therein, to refrain from the threat or use of force, and to observe strictly the principle that the territory of a State shall not be the object of military occupation resulting from the use of force in violation of the Charter of the United Nations, as well as the principle that the acquisition of territories by force is inadmissible;

5. Reaffirms that the elimination of apartheid and the attainment ofself-determination and independence by the people of Namibia, as well as thecessation of all acts of aggression and subversion against States in the zone,are essential for peace and security in the South Atlantic region, and urgesthe implementation of all United Nations resolutions pertaining tocolonialism, racism and apartheid;

6. Requests the Secretary-General to submit to the General Assembly atits forty-second session a report on the situation in the South Atlantic andthe implementation of the present declaration, taking into account the viewsexpressed by Member States;

7. Decides to include in the provisional agenda of its forty-secondsession the item entitled "Zone of peace and co-operation of the SouthAtlantic".

APÊNDICE B – Roteiro de perguntas utilizado nas entrevistas com autoridades

Assunto: Segurança do Atlântico Sul

1) Quais são as principais questões de segurança referentes ao Atlântico Sul hoje? Quais são as reais novas ameaças?
2) Quais têm sido os principais interesses brasileiros na região do Atlântico Sul?
3) Há interesses norte-americanos claramente identificáveis para a região?
4) Há uma estrutura de segurança crível para o A.S.? E a Zopacas, cumpre este papel eficientemente?
5) Quais seriam as principais convergências e divergências entre interesses norte-americanos e brasileiros no Atlântico Sul na atualidade?
6) Como o Brasil (a Marinha) interpreta a reativação da IV Esquadra norte-americana e a criação do Comando Africano (AFRICOM)?
7) Além da tradicional UNITAS, há previsão de alguma outra manobra conjunta entre os EUA e o Brasil?
8) As Operações Atlântico Sul I, II e III podem ser identificadas como uma "reação" à reativação da IV Esquadra?
9) De que maneira a proposta da OTAS (2010) afetaria os interesses brasileiros no Atlântico Sul?
10) Como a Marinha vê a nova doutrina estratégica da OTAN, que inclui, ainda que de forma indireta, o Atlântico Sul no seu raio de atuação?

SOBRE O AUTOR

Jansen Coli Calil

Bacharel em Relações Internacionais pela UNESA-RJ, tem MBA em Diplomacia e Negócios Internacionais pela Universidade Cândido Mendes e é Mestre em Política Internacional e Comparada pela Universidade de Brasília, com tese ganhadora do prêmio de melhor dissertação em Relações Internacionais de 2014 pelo IREL-UnB. Foi Analista de Relações Internacionais na Secretaria de Assuntos Internacionais do Governo do Estado do Rio de Janeiro (2004-2007). Pesquisa assuntos sobre defesa e segurança internacional, geopolítica, diplomacia e temas afins. Atualmente leciona Política Internacional e língua inglesa aplicada às Relações Internacionais em cursos preparatórios para a carreira diplomática e a Agência Brasileira de Inteligência.

Contato: jansengland@gmail.com.

SOBRE O LIVRO
Tiragem: 1000
Formato: 16 x 23 cm
Mancha: 12 X 19 cm
Tipologia: Times New Roman 10,5/12/16/18
Arial 7,5/8/9
Papel: Pólen 80 g (miolo)
Royal Supremo 250 g (capa)